No capricho

Caligrafia integrada com ortografia e gramática

Isabella Pessoa de Melo Carpaneda
Licenciatura plena em Pedagogia pela Universidade de Brasília e CEUB,
com especialização em Administração e Supervisão Escolar e Orientação Educacional.
Especialização em Língua Portuguesa pelo Instituto AVM – Faculdade Integrada.
Coordena, prepara material pedagógico e ministra cursos de treinamento para
professores de Educação Infantil e Ensino Fundamental em vários estados desde 1990.
Atua como assessora pedagógica de Educação Infantil e Ensino Fundamental
em Brasília-DF desde 1984.

Angiolina Domanico Bragança
Licenciatura plena em Pedagogia pela Associação de Ensino Unificado
do Distrito Federal, com especialização em Administração Escolar.
Coordena, prepara material pedagógico e ministra cursos de treinamento para professores
de Educação Infantil e Ensino Fundamental em vários estados desde 1990.
Atua como assessora pedagógica de Educação Infantil e Ensino Fundamental
em Brasília-DF desde 1970.

2ª edição - São Paulo

Copyright © Isabella Carpaneda e Angiolina Bragança, 2016

Diretor editorial	Lauri Cericato
Gerentes editoriais	Rosa Maria Mangueira e Silvana Rossi Júlio
Editora	Luciana Pereira Azevedo Remião
Editora assistente	Liege Maria de Souza Marucci
Colaborador	Marcos Soel
Gerente de produção editorial	Mariana Milani
Gerente de arte	Ricardo Borges
Coordenadora de arte	Daniela Máximo
Projeto gráfico	Bruno Attili
Capa	Juliana Sugawara
Supervisor de arte	Carlos Augusto Asanuma
Editora de arte	Sonia Maria Alencar
Diagramação	Essencial design
Tratamento de imagens	Ana Isabela Pithan Maraschin
Coordenadora de ilustrações	Márcia Berne
Assistentes de arte	Stephanie Santos Martini e Maria Paula Santo Siqueira
Ilustrações	Ilustra Cartoon e Waldomiro Neto
Coordenadora de preparação e revisão	Lilian Semenichin
Supervisora de preparação e revisão	Viviam Moreira
Preparação	Iracema Fantaguci
Revisão	Aurea Santos
Coordenador de iconografia e licenciamento de textos	Expedito Arantes
Supervisora de licenciamento de textos	Elaine Bueno
Iconografia	Mariana Zanato
Diretor de operações e produção gráfica	Reginaldo Soares Damasceno

Dados Internacionais de Catalogação na Publicação (CIP)
(Câmara Brasileira do Livro, SP, Brasil)

Carpaneda, Isabella Pessoa de Melo
   No capricho: caligrafia integrada com ortografia e gramática, volume B / Isabella Pessoa de Melo Carpaneda, Angiolina Domanico Bragança. — 2. ed. — São Paulo: Quinteto Editorial, 2016.

   ISBN 978-85-8392-047-2 (aluno)
   ISBN 978-85-8392-048-9 (professor)

   1. Caligrafia (Ensino fundamental) 2. Ortografia (Ensino fundamental) I. Bragança, Angiolina Domanico. II. Título.

16-01657   CDD-372.634

Índices para catálogo sistemático:
   1. Caligrafia: Ensino fundamental   372.634
   2. Ortografia: Ensino fundamental   372.634

1 2 3 4 5 6 7 8 9

Envidamos nossos melhores esforços para localizar e indicar adequadamente os créditos dos textos e imagens presentes nesta obra didática. No entanto, colocamo-nos à disposição para avaliação de eventuais irregularidades ou omissões de crédito e consequente correção nas próximas edições. As imagens e os textos constantes nesta obra que, eventualmente, reproduzam algum tipo de material de publicidade ou propaganda, ou a ele façam alusão, são aplicados para fins didáticos e não representam recomendação ou incentivo ao consumo.

Reprodução proibida: Art. 184 do Código Penal e Lei 9.610 de 19 de fevereiro de 1998.
Todos os direitos reservados à

QUINTETO EDITORIAL LTDA.
Rua Rui Barbosa, 156 – Bela Vista – São Paulo-SP
CEP 01326-010 – Tel. (11) 3598-6000
Caixa Postal 65149 – CEP da Caixa Postal 01390-970
www.ftd.com.br
E-mail: central.atendimento@ftd.com.br

Impresso no Parque Gráfico da Editora FTD S.A.
Avenida Antonio Bardella, 300
Guarulhos-SP – CEP 07220-020
Tel. (11) 3545-8600 e Fax (11) 2412-5375

A - 904.073/24

Sumário

Alfabeto 4

Vogais e consoantes 6

Letras K, W e Y 14

Bambalalar, é hora de praticar! 15

Alfabeto – revisão 16

Palavras com til 18

Bambalalar, é hora de praticar! 19

Letra cursiva............................... 20

As letras nas palavras 22

Bambalalar, é hora de praticar! 26

Ordem alfabética 28

Palavras 30

Palavras com F e V....................... 31

Palavras com T e D....................... 32

Palavras com P e B 33

Palavras com C e G...................... 34

Uso das letras maiúsculas e minúsculas 35

Frase... 37

Palavras com GU e QU 38

Sílabas...................................... 40

Palavras com MP, MB e N antes de consoantes 42

Bambalalar, é hora de praticar! 43

A letra S.................................... 44

A rima 45

A letra R 48

Bambalalar, é hora de praticar! 49

Sinônimos.................................. 50

Antônimos 52

Bambalalar, é hora de praticar! 54

Acentos agudo e circunflexo........... 56

A letra H................................... 58

Palavras com CH, LH e NH............. 61

Bambalalar, é hora de praticar! 63

Palavras com X........................... 64

Alfabeto

Com as letras do alfabeto, tudo é possível escrever. Se traçar bem direitinho, vai ser mais fácil de ler.

1. Observe o alfabeto maiúsculo e minúsculo em letra de imprensa e letra cursiva. Depois copie a letra cursiva.

Letra de imprensa	Letra cursiva	Cópia
A a	$\mathcal{A}\ a$	
B b	$\mathcal{B}\ b$	
C c	$\mathcal{C}\ c$	
D d	$\mathcal{D}\ d$	
E e	$\mathcal{E}\ e$	
F f	$\mathcal{F}\ f$	
G g	$\mathcal{G}\ g$	
H h	$\mathcal{H}\ h$	
I i	$\mathcal{I}\ i$	
J j	$\mathcal{J}\ j$	

Print	Cursive	Practice
K k	K k	
L l	L l	
M m	M m	
N n	N n	
O o	O o	
P p	P p	
Q q	Q q	
R r	R r	
S s	S s	
T t	T t	
U u	U u	
V v	V v	
W w	W w	
X x	X x	
Y y	Y y	
Z z	Z z	

Vogais e consoantes

O alfabeto é formado por vogais e consoantes. Treine com muita atenção e aprenda em instantes.

1. Observe o traçado das vogais. Depois copie.

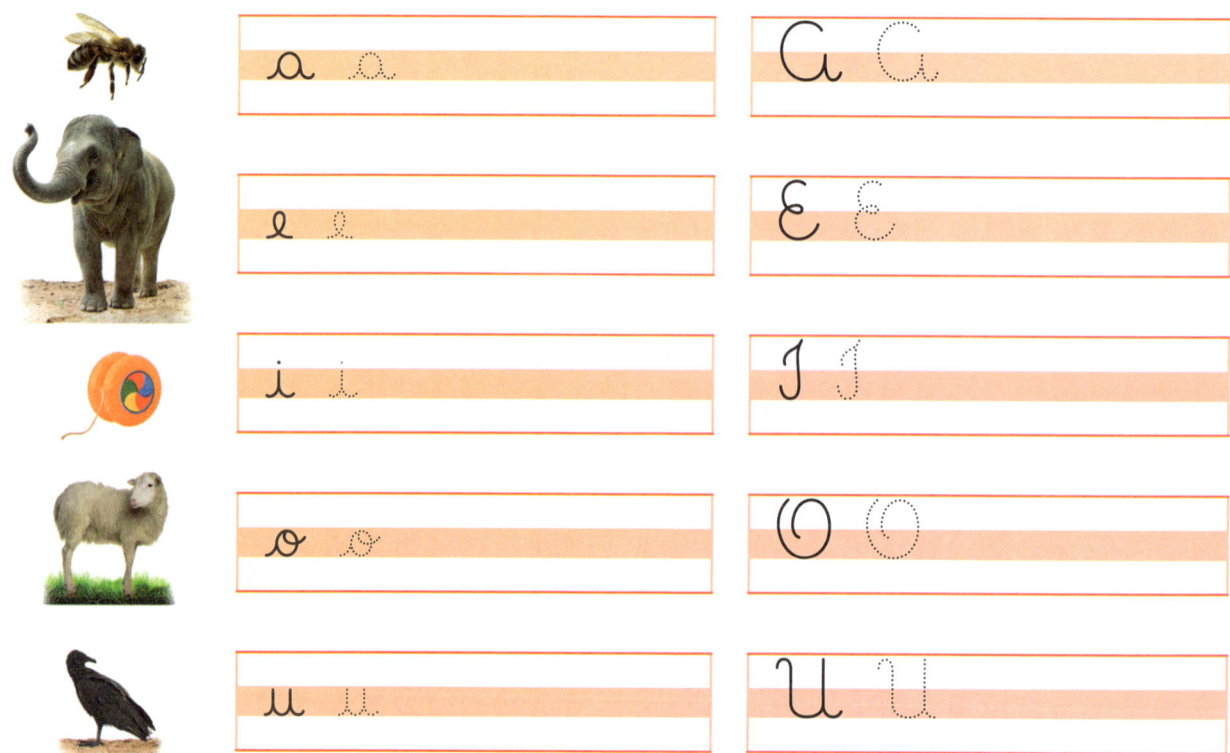

2. Complete as sequências. Depois copie.

3. Copie os nomes das figuras.

anel

ema

ioiô

ovo

uva

4. Escreva nomes para as crianças.

Álvaro ou Otávio?

Elisa ou Eliane?

Ivo ou Ismael?

Ana ou Anália?

Uriel ou Ulisses?

5. Leia as palavras abaixo. Depois escolha algumas para completar os balões.

6. Observe o traçado das consoantes. Depois copie.

b b b   B B B
c c c   C C C
d d d   D D D
f f f   F F F

7. Copie os nomes das figuras.

boi   cueca   dedo   fada

8. Escolha nomes para as pessoas.

Caio   Cauê   Bia   Fátima   Dora

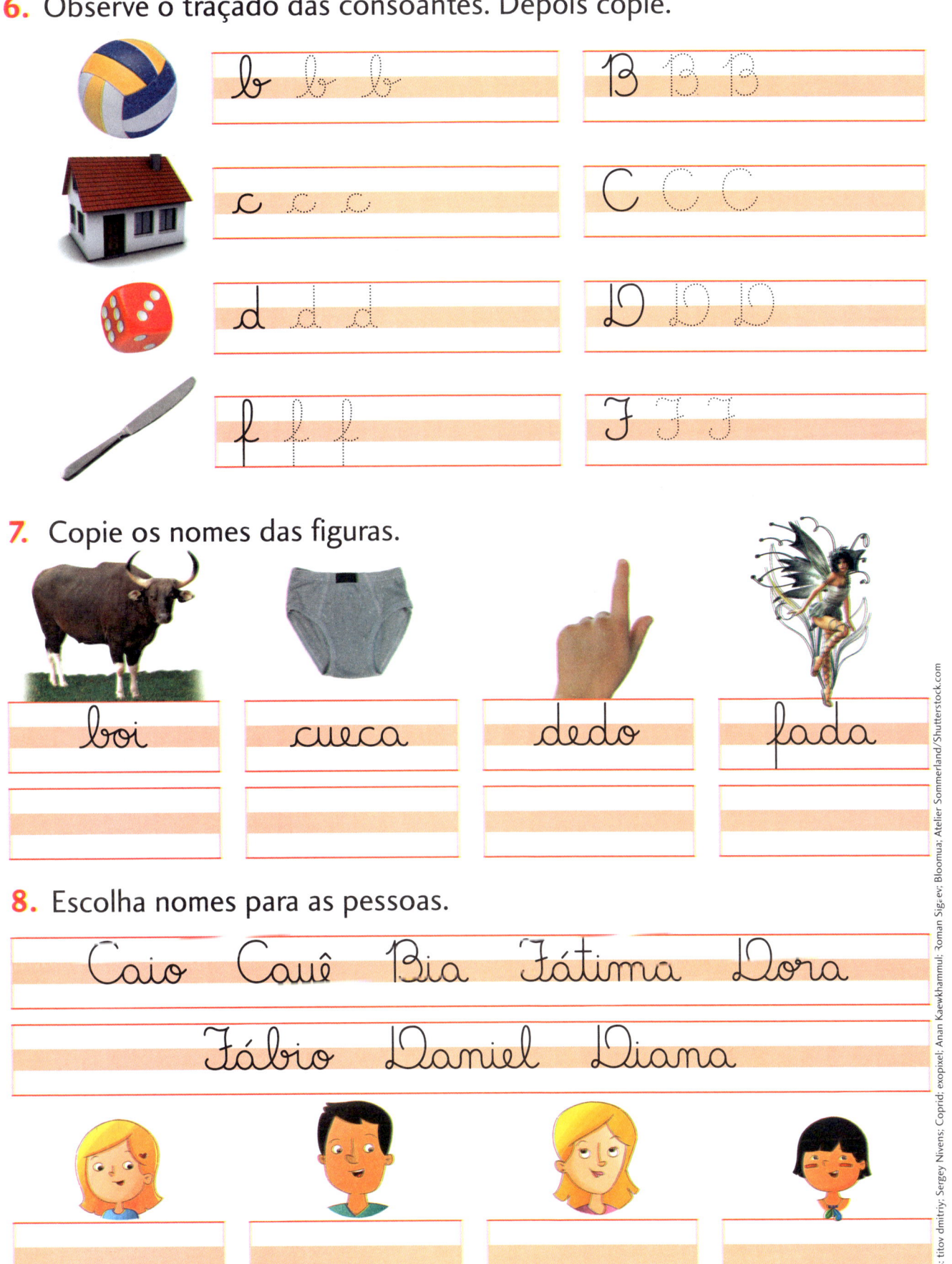

Fábio   Daniel   Diana

9. Observe o traçado das consoantes. Depois copie.

g g g G G G

h h h H H H

j j j J J J

k k k K K K

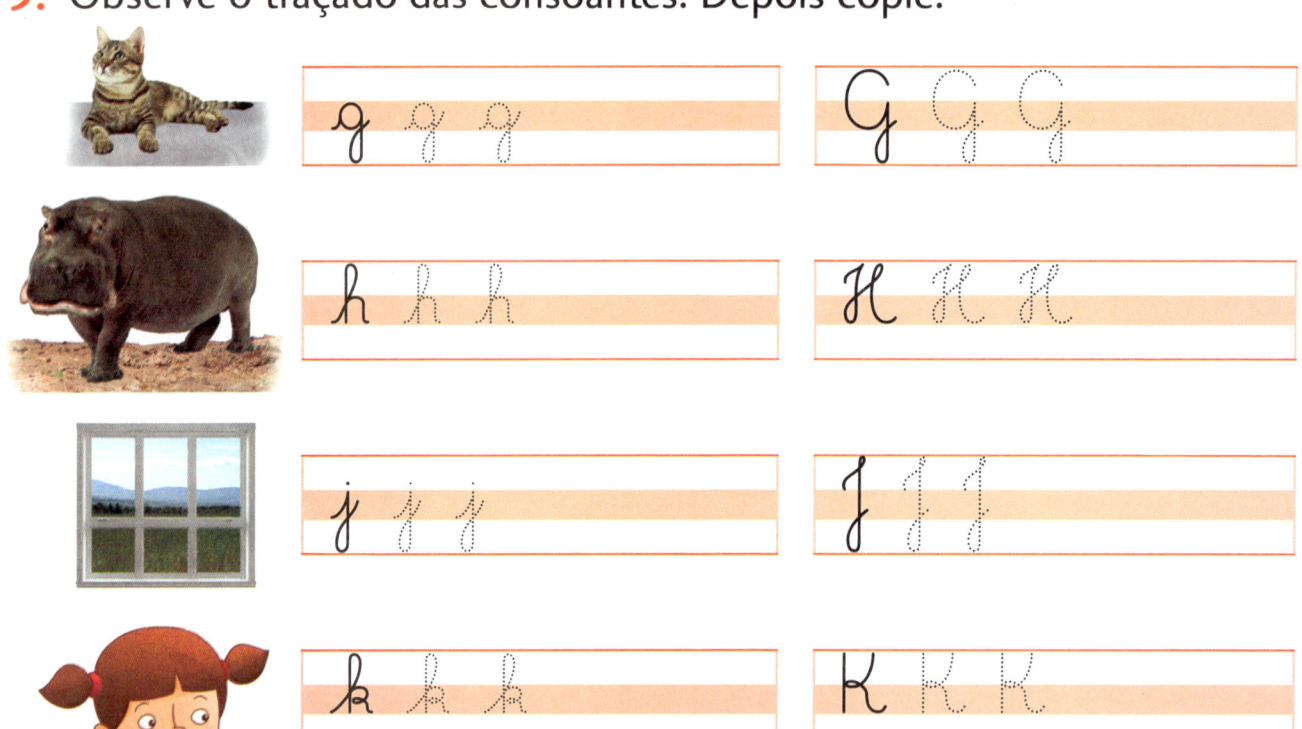

10. Circule os nomes das frutas que você já provou. Depois copie.

jabuticaba

caju

goiaba

figo

11. Copie somente os nomes de pessoas.

Keila Hugo janela João

Fotos: 5 second Studio; Eric Isselee; GoodMood Photo; Carla Nichiata; ekkapon; Tim UR; oriori/Shutterstock.com

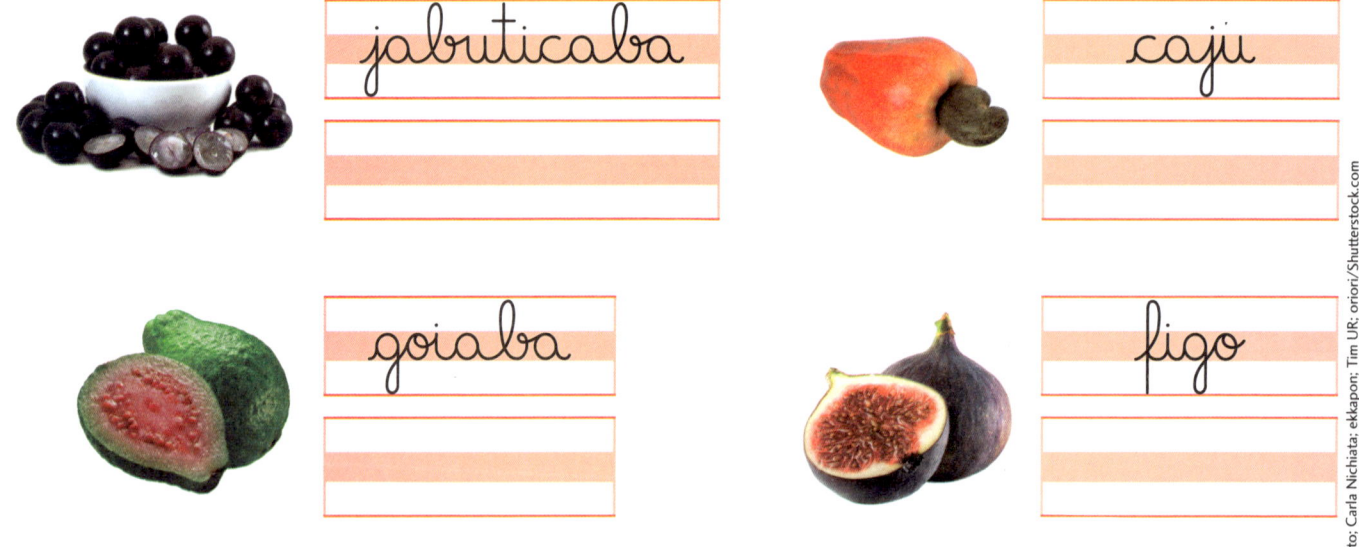

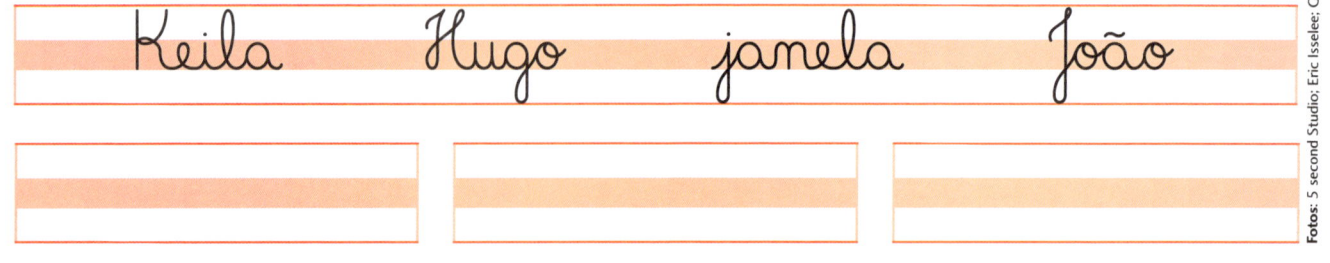

12. Observe o traçado das consoantes. Depois copie.

l l l | L L L

m m m | M M

n n n | N N N

p p p | P P P

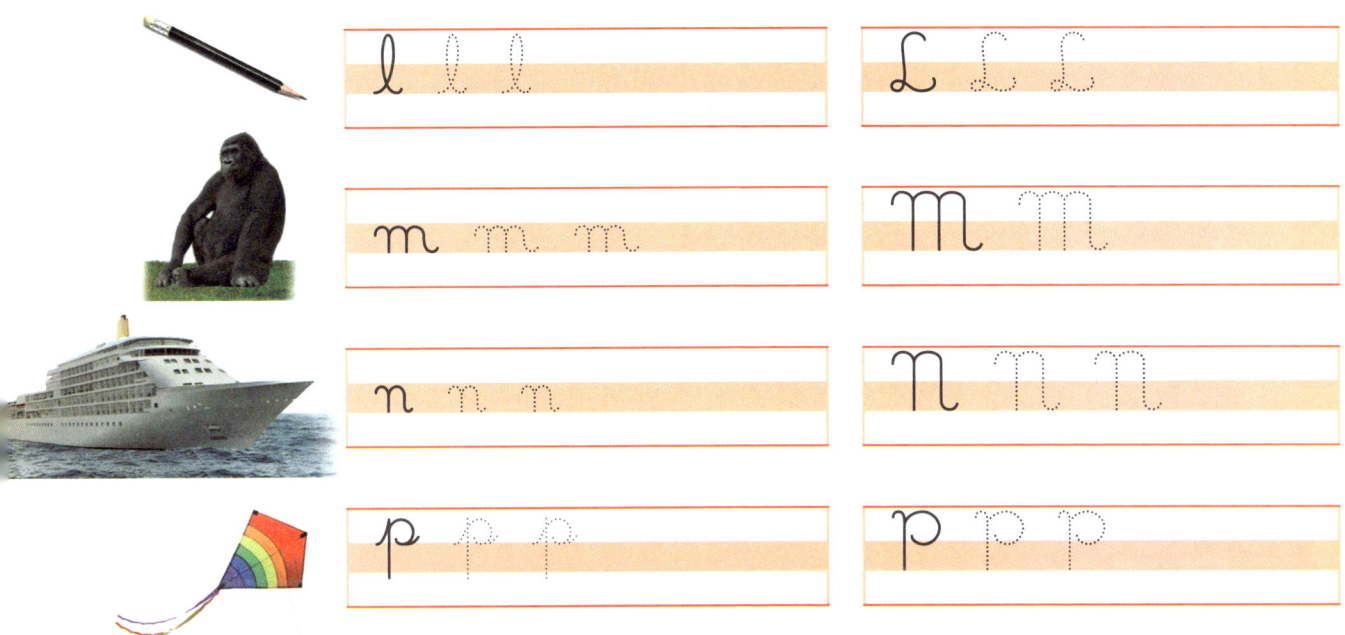

13. Copie os nomes das figuras. Depois tire uma sílaba e forme outras palavras. Observe o exemplo.

jamelão	~~ja~~melão	melão

mamão		

novelo		

piano		

14. Leia e copie.

Luana, Paula e Nádia são amigas.

Fotos: Ingvar Bjork; Eric Isselee; Vereshchagin Dmitry; Photo Melon; wasanajai; Yeko Photo Studio; Jim Hughes; Venus Angel/Shutterstock.com

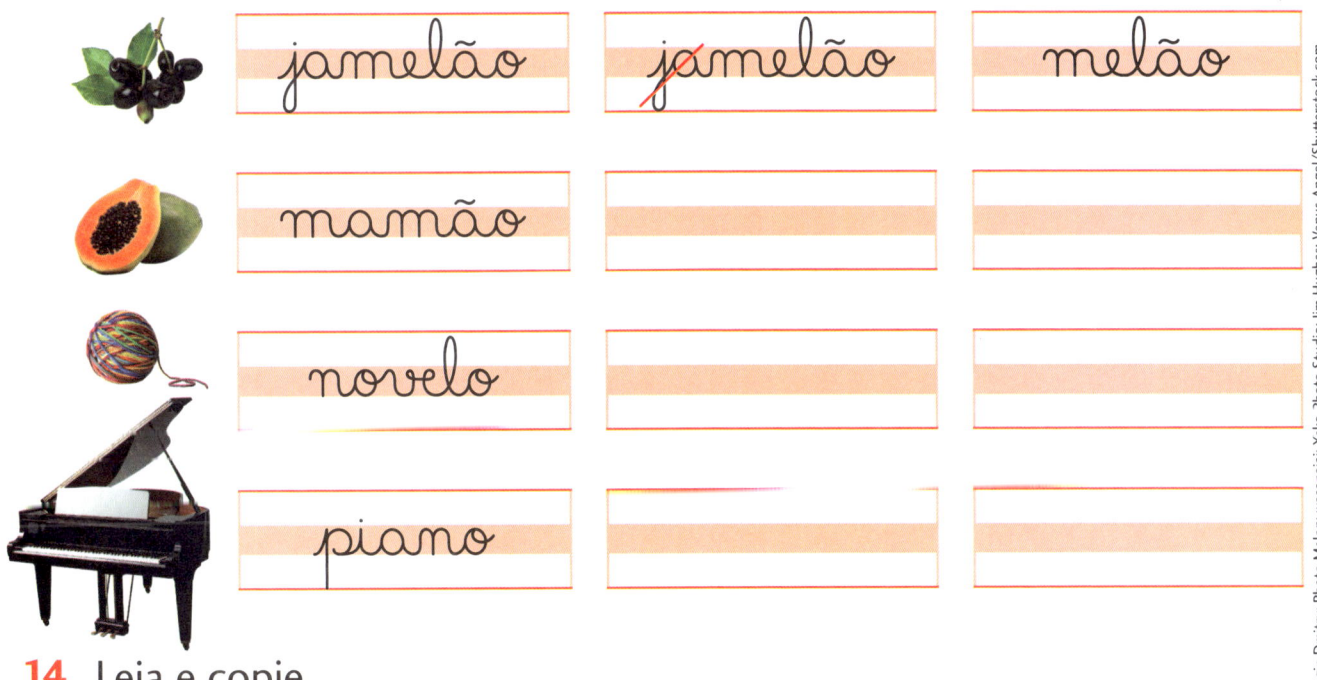

15. Observe o traçado das consoantes. Depois copie.

q q q — Q Q Q

r r r — R R R

s s s — S S S

t t t — T T T

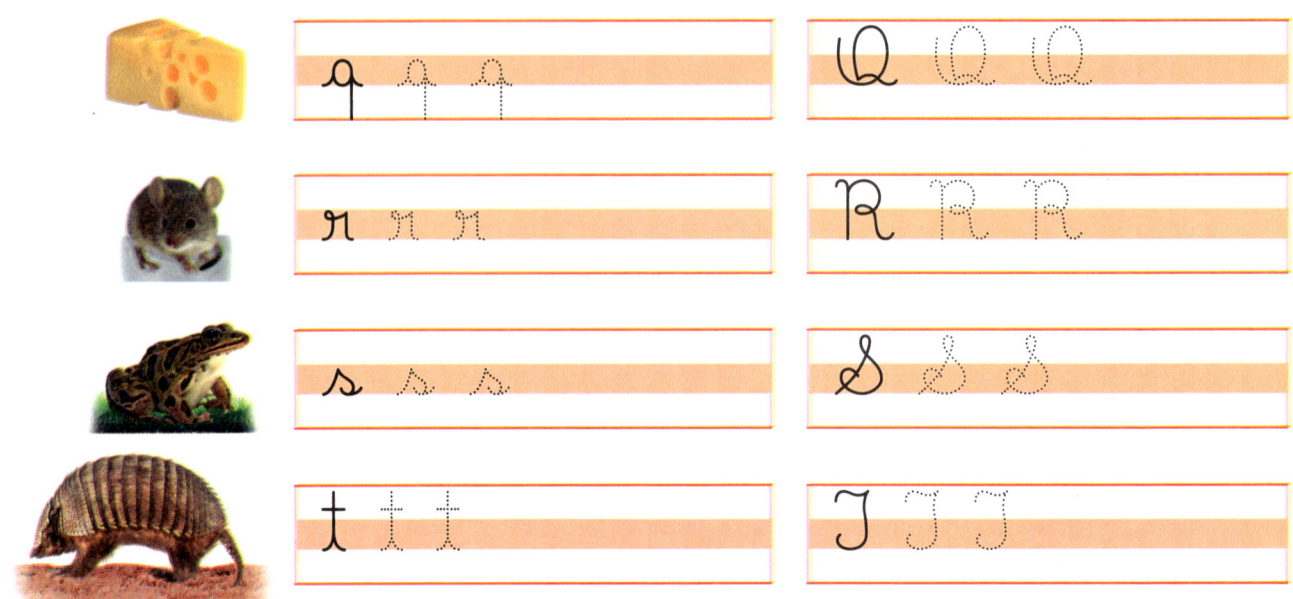

16. Copie cada palavra na coluna adequada.

Ricardo raposa tubarão sabiá

queijo Selma quiabo Tadeu quibe

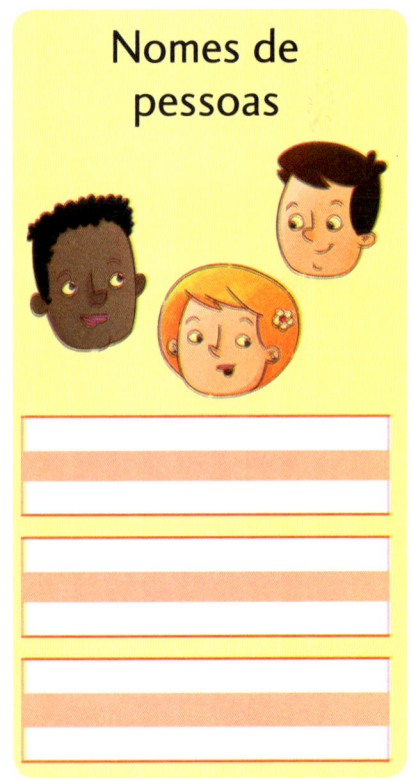

Nomes de pessoas

Nomes de animais

Nomes de alimentos

Fotos: azure1; Szasz-Fabian Jozsef; Michiel de Wit; Dario Lo Presti/Shutterstock.com

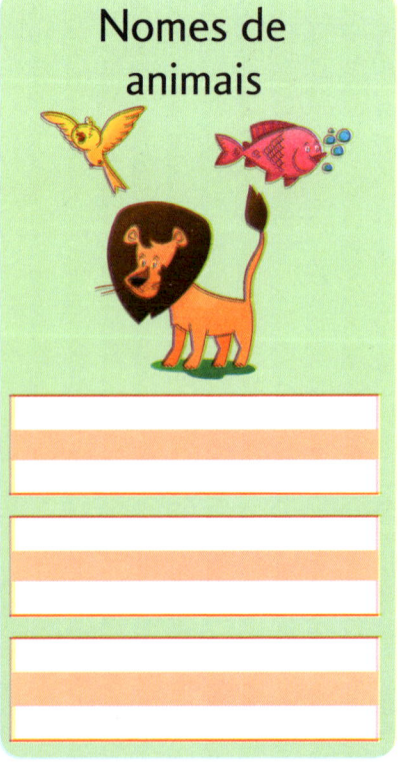

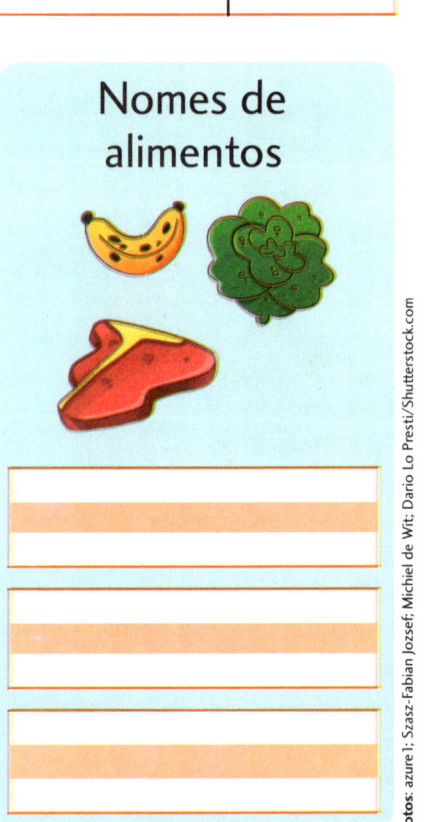

17. Observe o traçado das consoantes. Depois copie.

v v v — V V V

w w w — W W

x x x — X X X

y y y — Y Y Y

z z z — Z Z Z

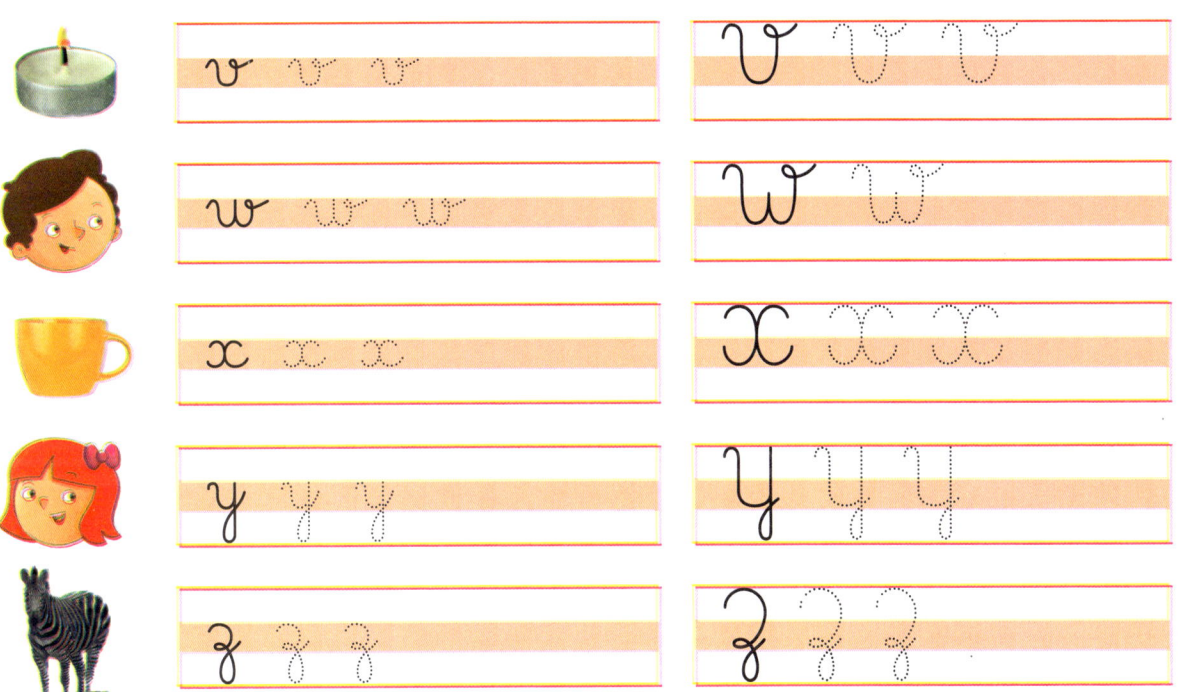

18. Escreva os nomes das figuras. Se precisar, consulte as palavras abaixo.

peixe vaca avião caixa

buzina vela zebu violão

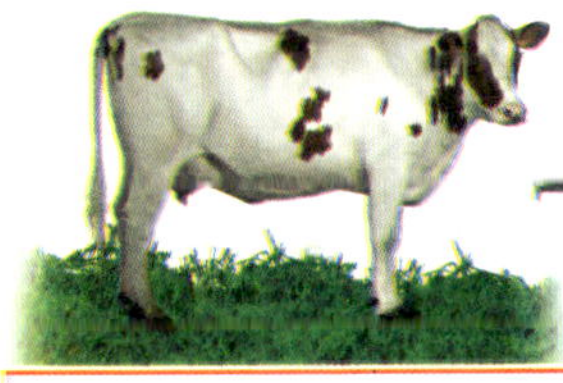

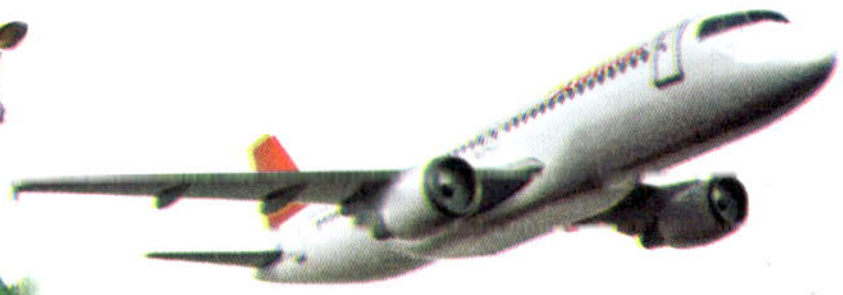

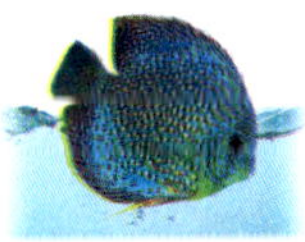

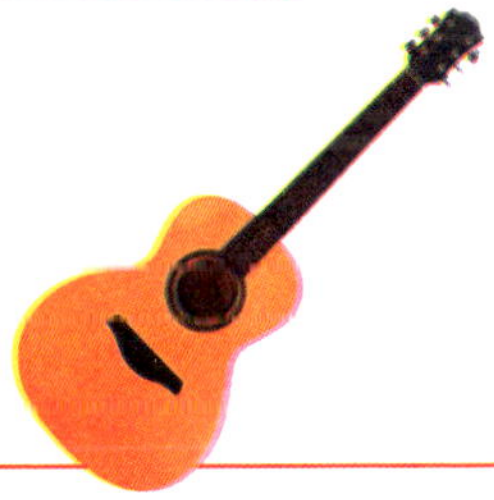

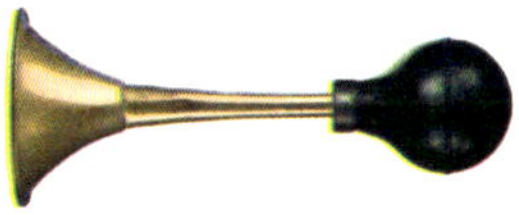

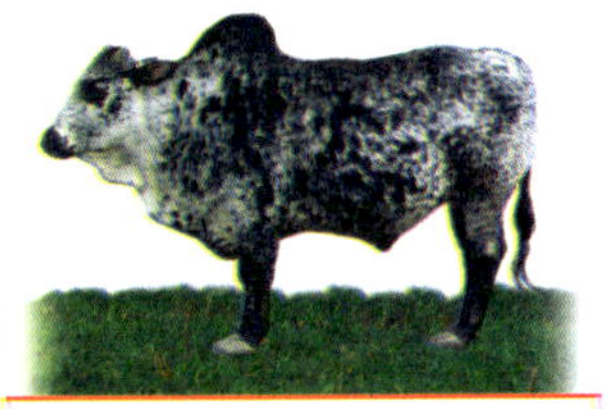

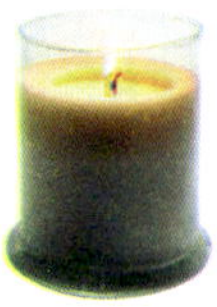

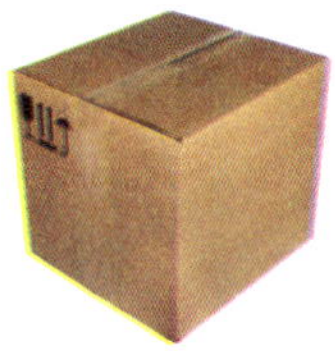

Letras K, W e Y

As letras **K** (cá), **W** (dáblio) e **Y** (ípsilon) são lidas dessa maneira. Alguns nomes têm essas letras, pois são de origem estrangeira.

Kátia   Wágner   Yúri

1. Localize algumas palavras do quadro nas imagens abaixo.

Jerry   Kibon   Harry   Shrek   Mickey   Whiskas

- Agora copie essas palavras.

Bambalalar, é hora de praticar!

1. Leia e copie. Depois encontre o culpado.

   O danado do Titiu
   fez cocô atrás da porta.
   Mamãe abriu e quase caiu morta.
   O culpado já sumiu...
   Mas o cheiro não saiu!

   Valéria Martins Leite. **Cão, cachorro, titiu, auau**. Belo Horizonte: Editora do Brasil, 1996. (Coleção Ternurinha). v. 5, p. 12-13.

Alfabeto – revisão

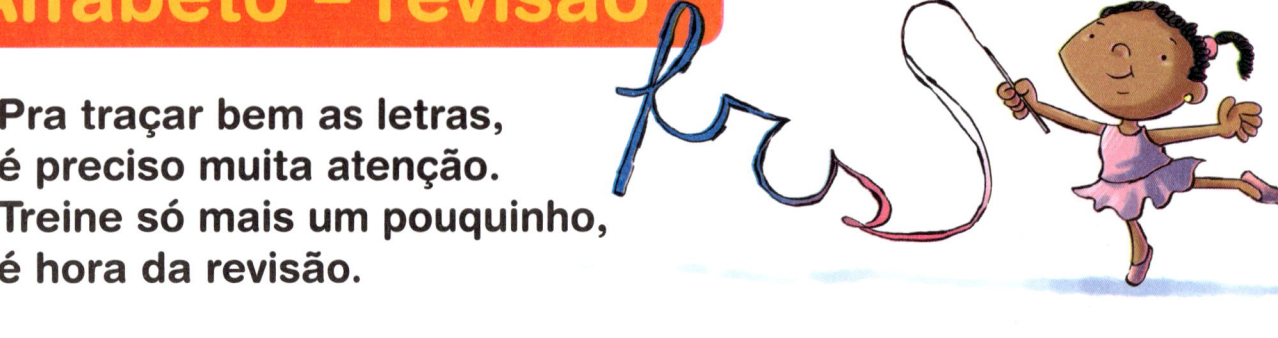

> Pra traçar bem as letras,
> é preciso muita atenção.
> Treine só mais um pouquinho,
> é hora da revisão.

1. Copie.

Alfabeto minúsculo

a b c d e

f g h i j

k l m n o

p q r s t

u v w x y z

Alfabeto maiúsculo

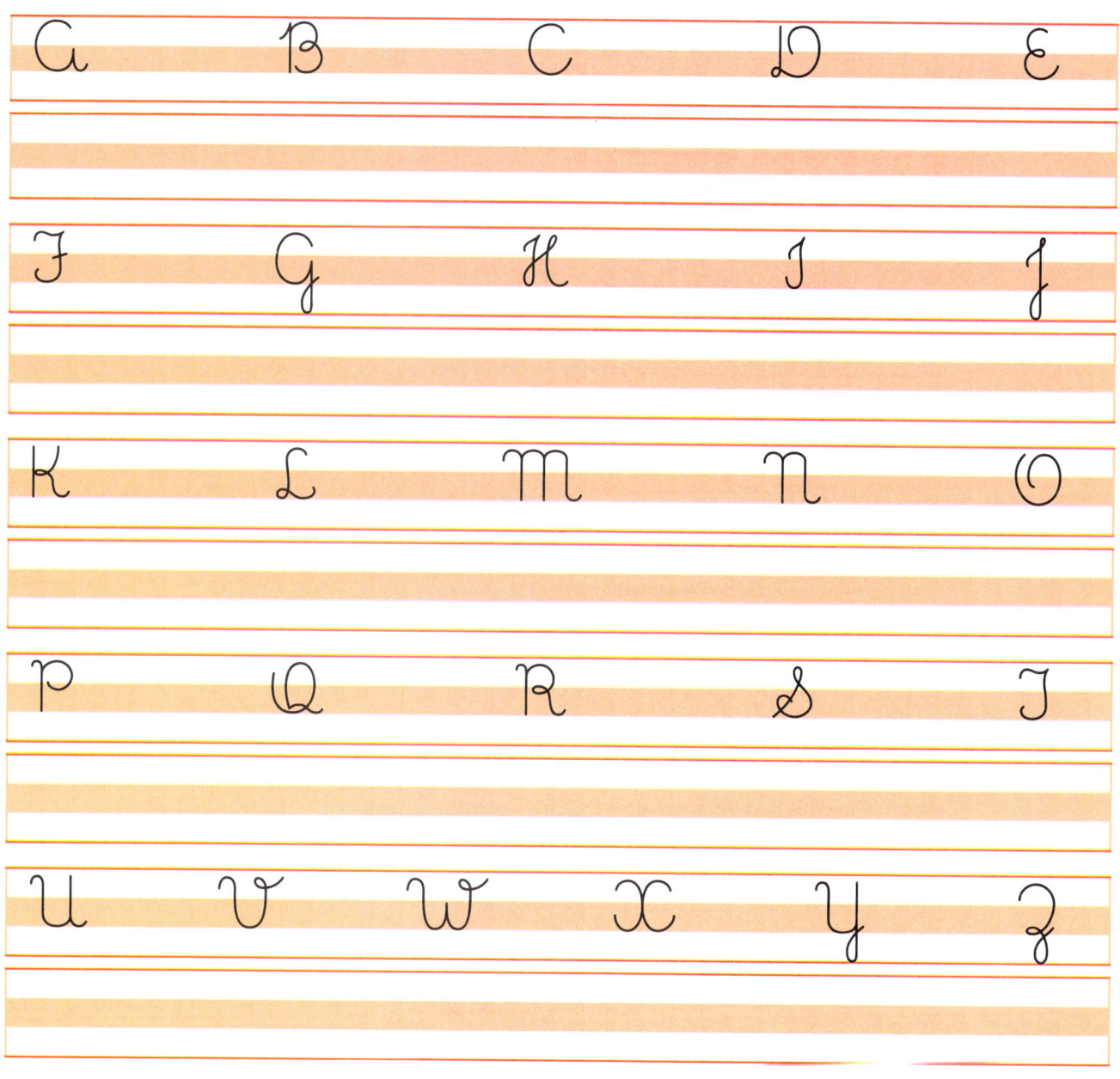

2. Escreva algumas letras que você acha:

- fáceis de traçar.

- difíceis de traçar.

Palavras com til

Remela de gavião, mofo de pão, olho de rã e baba de jumento. Tudo misturado no caldeirão.
— Ai, que nojento!

Dica!
Coloque o til sobre a vogal só depois de escrever a palavra toda.

1. Copie o nome de cada alimento e depois complete a carinha de acordo com a legenda.

   gosto muito de   gosto de   não gosto de

   feijão   maçã   macarrão

   pão   mamão   camarão

   melão   pimentão   agrião

2. Leia e copie.

   Não solte balão. É muito perigoso.

Bambalalar, é hora de praticar!

1. Descubra e circule na cena oito figuras que têm nomes com til ~.

- Agora copie.

| maçã | mão | balão | sabão |
| mamão | avião | caminhão | cão |

19

Letra cursiva

> Escrever com letra cursiva é mais rápido que com a bastão.
> Uma letra é ligada à outra e não cansa tanto a mão.

1. As palavras abaixo foram escritas com diferentes tipos de letras de imprensa. Observe como não estão ligadas entre si.

macaco	meia	mamão	mola
nata	**noite**	*nome*	nuca

- Agora copie essas mesmas palavras em letra cursiva.

Dica!

Procure manter as letras ligadas umas às outras.
No começo da palavra, a primeira perninha das letras **m** e **n** não encosta na linha.

macaco	*meia*	*mamão*	*mola*

nata	*noite*	*nome*	*nuca*

2. Copie somente os nomes das figuras.

Dica! Ao escrever esses nomes, as letras deverão ficar ligadas umas às outras.

meia — bule
lobo — bola
faca — figa
fogão — foca
violão — vovô
vela — navio

As letras nas palavras

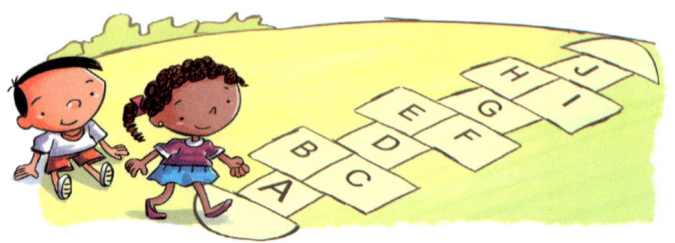

Divirta-se brincando com a turma do ABC. Cada letra é importante na hora de escrever.

1. Trocando as vogais, formamos outras palavras. Leia e copie.

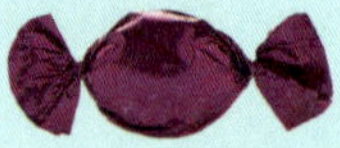 → 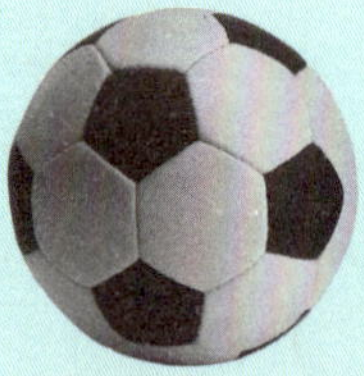

bala → bola

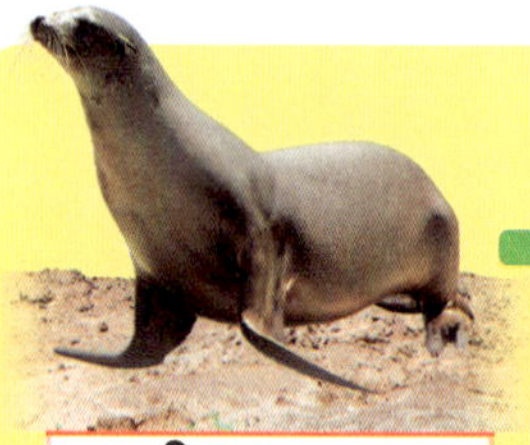 → 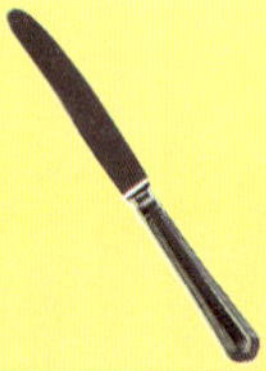

foca → faca

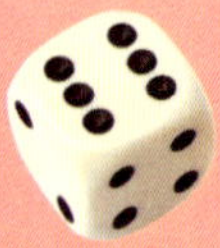 → 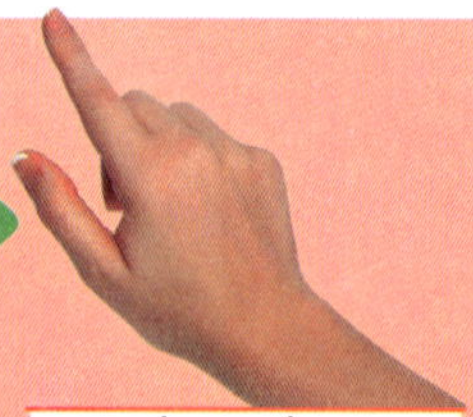

dado → dedo

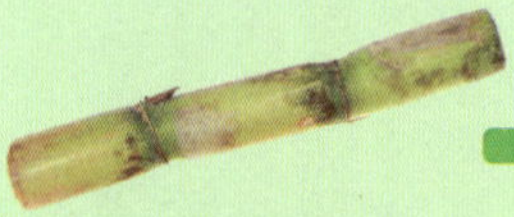 → 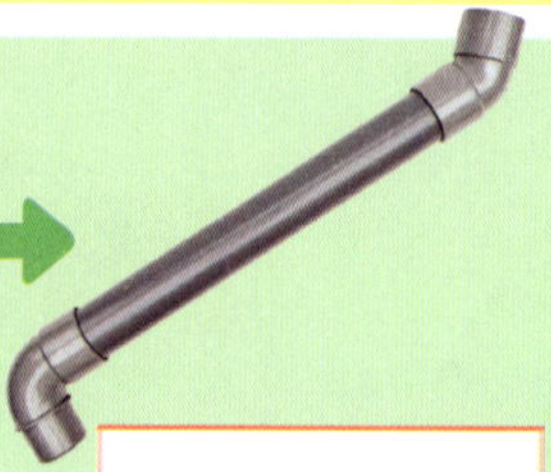

cana → cano

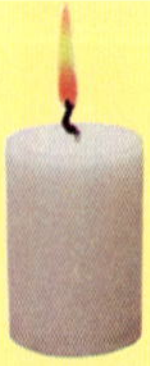 → 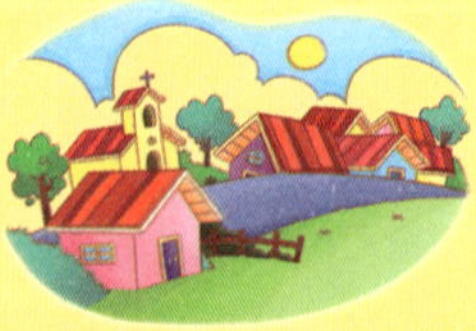

vela → vila

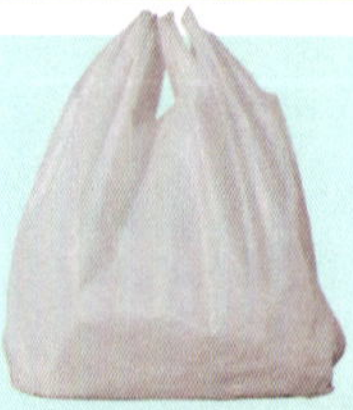 → 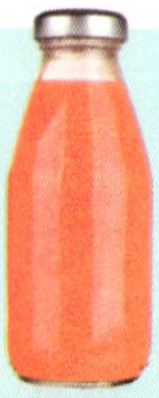

saco → suco

Fotos: Dan Kosmayer; Africa Studio; Iakov Filimonov; Mauro Rodrigues; MA8; Denys Prykhodov; sunsetman; designelements; xveron90x; M88; Andrei Kuzmik/Shutterstock.com

2. Trocando a primeira letra das palavras, formamos outras. Leia e copie.

3. Circule o que há de diferente entre as palavras de cada grupo.

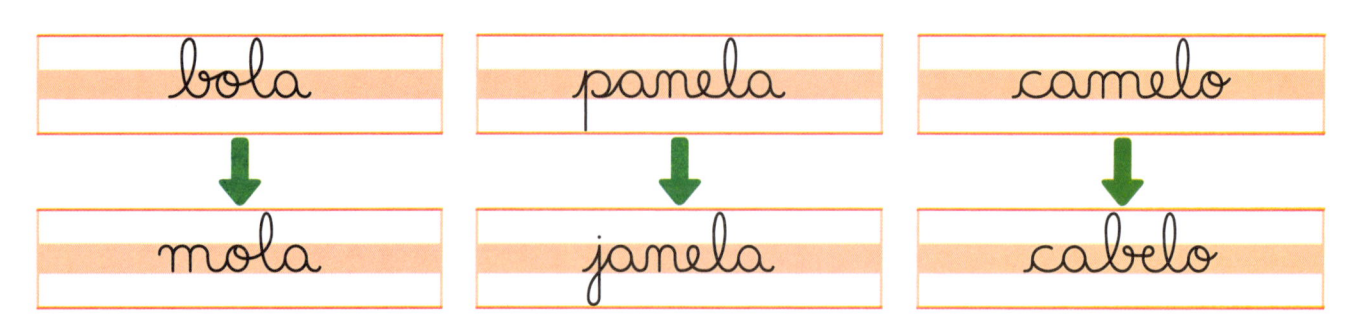

bola	panela	camelo
↓	↓	↓
mola	janela	cabelo

- Agora copie essas palavras ao lado das figuras correspondentes.

4. Uma letra a menos. Que palavra temos?

gavião

cano

prato

5. Alguns encontros de letras são mais difíceis de traçar. Copie o nome de cada figura abaixo.

cobra   bruxa   brinco   broche

livro   lavrador   livraria

6. Leia rápido, sem tropeçar. Depois copie.

O pintor Pedro Paulo Pereira promete pintar porta e parede por preço pequeno.

Bambalalar, é hora de praticar!

1. Leia o texto e copie.

É de arrepiar!

É assustador escutar
barulhos sem explicação.
A gente começa a achar
que na casa tem assombração...

Mas logo vamos perceber
que o tal susto não foi nada...
O medo que nos fez tremer
vai acabar em muita risada!

- Agora copie os nomes das figuras que aparecem nos balões.

caveira

osso

abóbora

aranha

lagartixa

Ordem alfabética

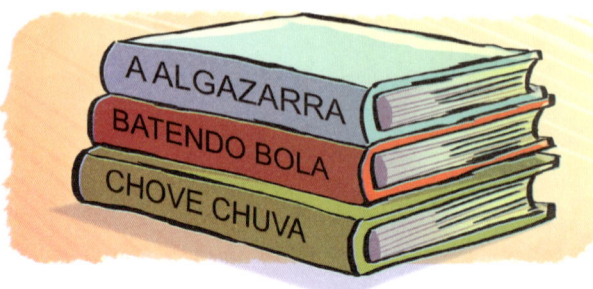

Saber a ordem alfabética é algo muito importante: para usar o dicionário e achar livros na estante.

1. Copie os nomes das crianças abaixo em ordem alfabética.

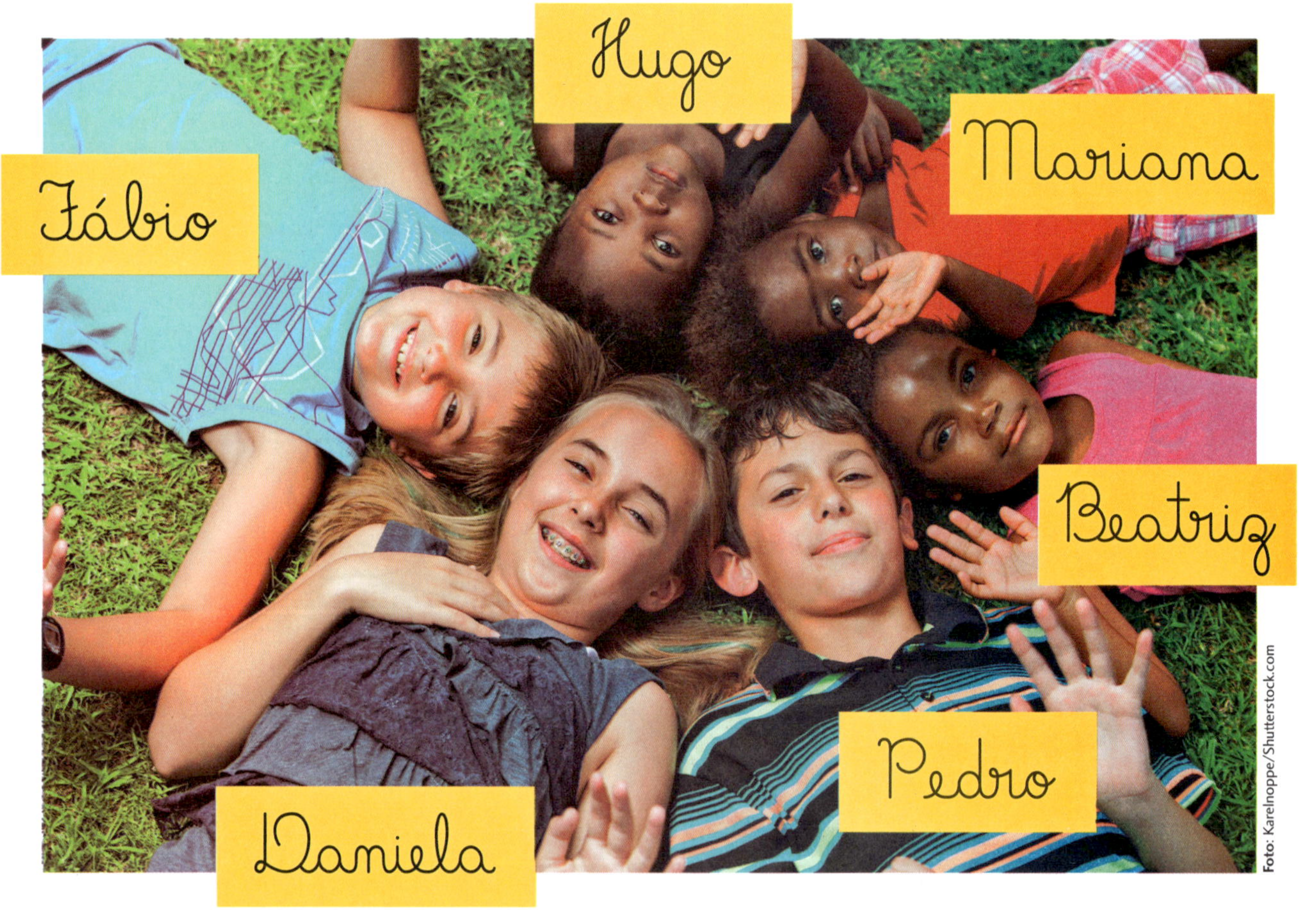

Foto: Karelnoppe/Shutterstock.com

1 ______ 4 ______

2 ______ 5 ______

3 ______ 6 ______

2. Uma professora quer guardar os cadernos de seus alunos em ordem alfabética. Observe as etiquetas.

- Escreva o nome que seria o primeiro da pilha de cadernos. Depois organize os outros nomes em ordem alfabética.

Palavras

> Dê espaço entre as palavras no momento de escrever. Sem grudar uma na outra, fica mais fácil de ler.

1. Leia. Depois pinte os espaços entre as palavras e escreva nos quadrinhos quantas palavras tem cada verso.

   Você diz que sabe tudo, ☐
   lagartixa sabe mais. ☐
   Ela sobe na parede, ☐
   coisa que você não faz. ☐

2. Copie a parlenda abaixo, escrevendo cada palavra em uma pauta separada.

   Você me mandou cantar
   pensando que eu não sabia.
   Pois eu sou como a cigarra,
   canto sempre todo dia.

Palavras com F e V

Tirando o **f** da faca
e pondo o **v** em seu lugar,
fica a vaca lá na mesa
e a faca vai pastar.

1. Marque os nomes das figuras. Depois copie as palavras.

☐ faca　　☐ fila　　☐ foto

☐ vaca　　☐ vila　　☐ voto

2. Leia e copie.

Filó enroscou-se toda

no novelo da vovó.

Palavras com T e D

> Caiu tinta no bode.
> Xereta ficou pintado!
> Nem deu pra zangar com ele,
> pois ficou muito engraçado!

1. Copie o nome de cada figura.

- bode
- radinho
- quadro
- bote
- ratinho
- quatro

2. Complete as frases com as palavras abaixo.

Quando quadro Quanto quatro

_____ você gastou nas compras?
_____ vovó vai chegar de viagem?
Faltam _____ dias para a festa.
Aquele _____ é tão bonito!

Palavras com P e B

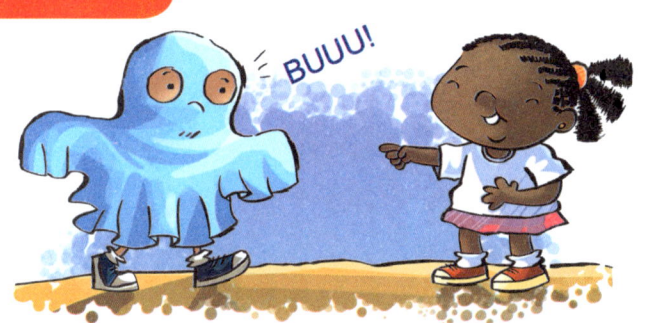

Não tenho medo de lobo,
de bruxa ou de bicho-papão.
Mas prefiro ficar longe
de agulha de injeção.

1. Leia e copie. Depois marque os nomes dos animais.

☐ apito ☐ sapo ☐ pavão

☐ baleia ☐ abóbora ☐ bezerro

2. Circule o nome da figura e copie os nomes que você não circulou.

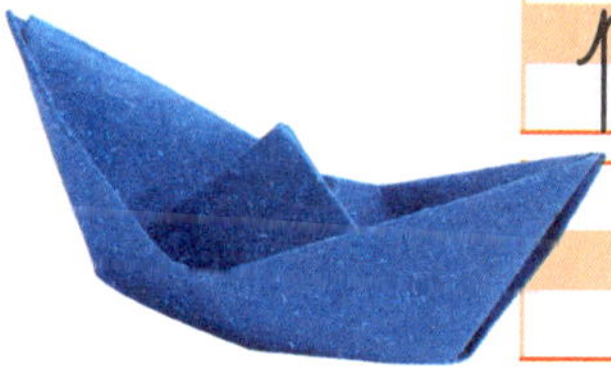

parquinho barquinho porquinho

Foto: i9370/Shutterstock.com

Soltei pipa a tarde inteira.

Que gostosa brincadeira!

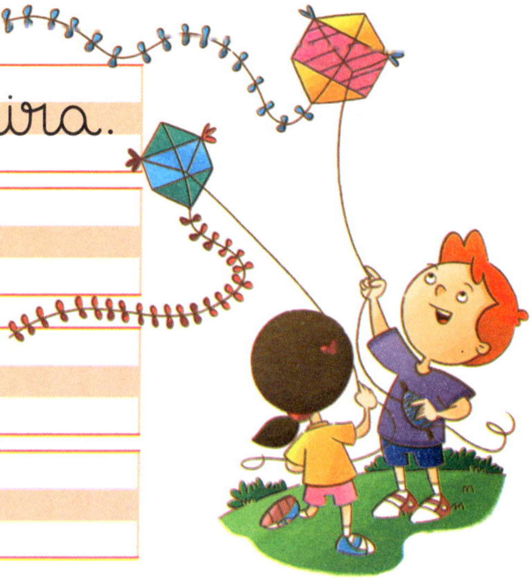

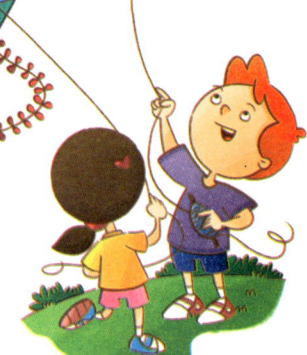

Palavras com C e G

Galileu é grandalhão.
E como gosta de correr!
Tem uma cara zangada,
mas ele não é de morder.

1. Leia e copie os nomes das figuras.

galo   gorda   gola   gata
calo   corda   cola   cata

2. Complete as frases com as palavras abaixo. Depois copie.

galo   calo

Gabriel fez um ☐ no pé.

O ☐ canta cedo todo dia.

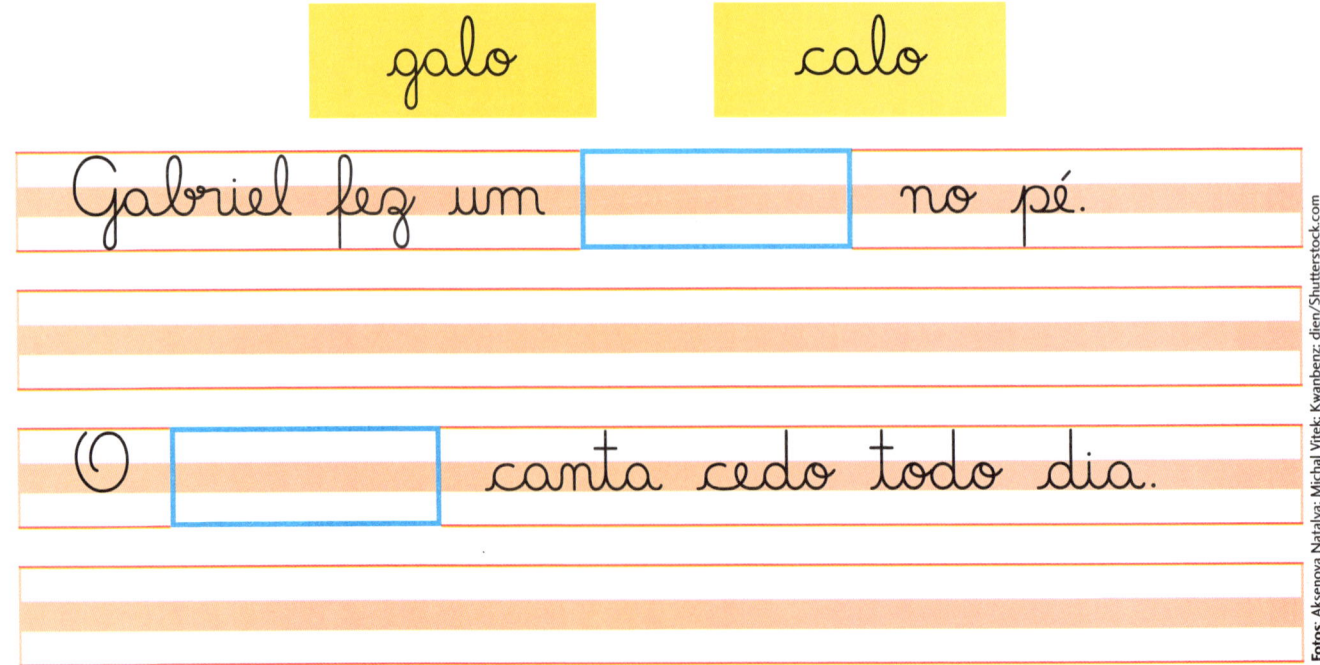

Uso das letras maiúsculas e minúsculas

Nomes de gente, de cidade, de rua, de país ou de animal... devem ser sempre escritos com letra maiúscula inicial.

1. Copie os nomes de alguns personagens do Sítio do Picapau Amarelo.

Dona Benta

Narizinho

Rabicó

Pedrinho

Emília

Tia Nastácia

2. Leia e copie.

Sítio do Picapau Amarelo

3. Leia as palavras e copie as frases substituindo as figuras pelos seus nomes.

boné   pião   peteca   pipa   camiseta

Do Zeca ganhei uma ___ .

Do João ganhei um ___ .

Da Felipa ganhei uma ___ .

Do André ganhei um ___ .

Da Marieta ganhei uma ___ .

Minha gente, quanto presente!

Frase

Frase tem sentido completo, preste bastante atenção: começa com letra maiúscula, termina com pontuação.

1. Marque com um **X** onde há frase.

- ☐ Muito obrigado!
- ☐ anda meu depressa colega
- ☐ Você quer brincar de bola?
- ☐ O arco-íris tem sete cores.

• Agora copie as frases que você marcou.

2. Ordene as palavras e forme uma frase.

a ser Vale pena educado. sempre

Palavras com GU e QU

Elas até se parecem, mas são um pouco diferentes:
o **q** tem perna comprida,
o **g**, barriga pra frente.

1. Copie as palavras abaixo nas colunas adequadas.

foguete	quibe	panqueca	guitarra
periquito	seguinte	águia	queimada
guidom	parque	sangue	laqueiro

gu

qu

2. Os versinhos abaixo estão fora de ordem. Numere-os e reescreva-os na ordem certa.

- ☐ pra dar banho no Totó.
- ☐ Melequeira de dar dó!
- ☐ Tina pega a bacia
- ☐ É água pra todo lado!

Sílabas

São cinco pedacinhos na palavra ar-re-pi-a-do. Cada um dos pedacinhos de sílaba é chamado.

1. Copie o nome de cada figura separando-o em sílabas.

chaleira

caracol

queijo

empada

2. Acrescente uma sílaba e forme outra palavra.

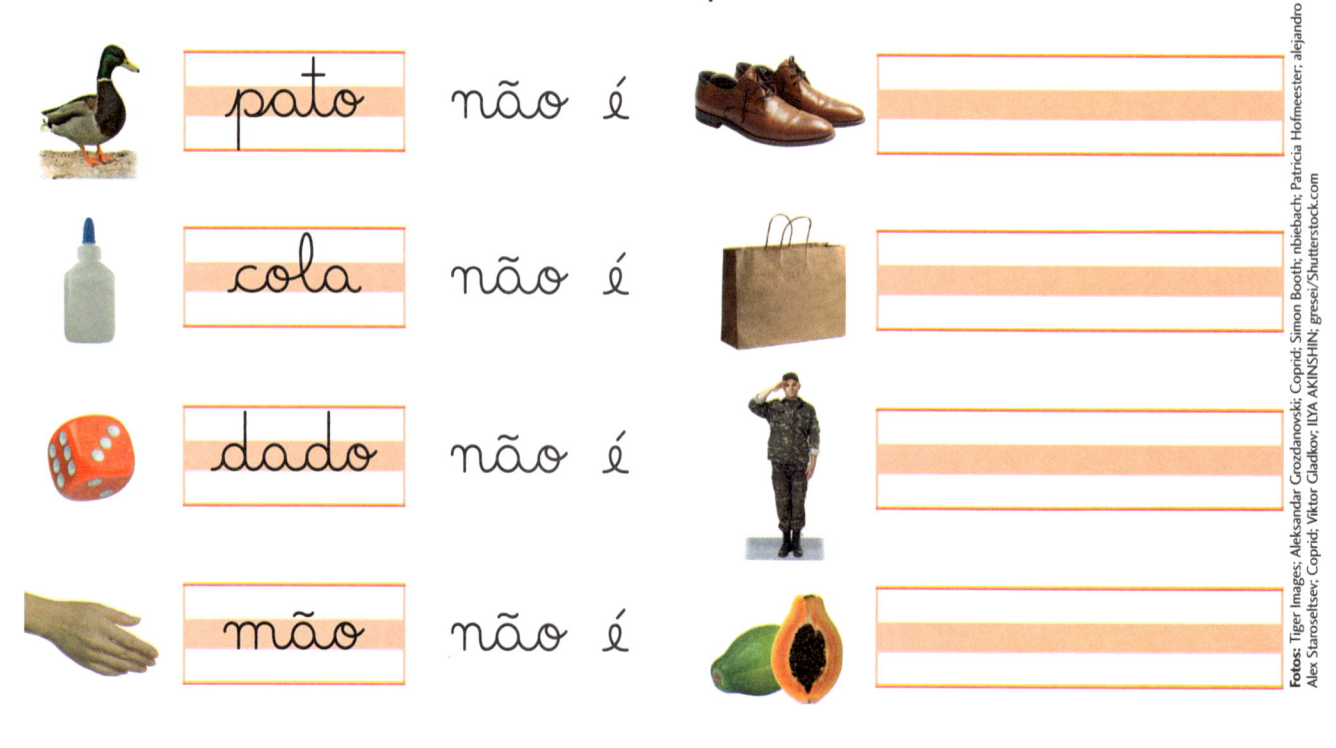

pato não é

cola não é

dado não é

mão não é

3. Em cada grupo de palavras há uma sílaba que se repete. Circule-a. Depois copie as sílabas repetidas.

doce	martelo	focinho
zangado	amargo	espinho
domingo	pomar	caminho

4. Retire do quadro as palavras solicitadas.

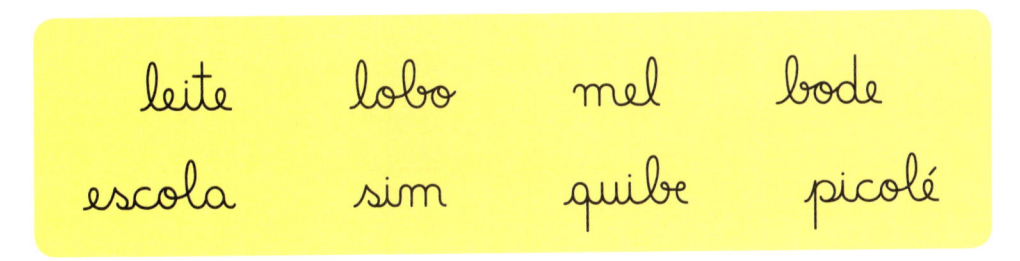

> leite   lobo   mel   bode
> escola   sim   quibe   picolé

Palavras com:

- 3 letras e 1 sílaba.

- 4 letras e 2 sílabas.

- 6 letras e 3 sílabas.

- 5 letras e 2 sílabas.

41

Palavras com MP, MB e N antes de consoantes

Para escrever palavra que tem som anasalado, se tiver o **p** ou o **b** vem do **m** acompanhado.

1. Copie as palavras nos lugares indicados.

lâmpada sombra tombo limpeza

cambalhota sempre embaixo campeão

m antes de p

m antes de b

2. Acrescente **m** ou **n** e transforme as palavras. Observe os exemplos.

boba — bomba

cata — canta

tapa →

lobo →

baba →

logo →

seta →

padeiro →

42

Bambalalar, é hora de praticar!

1. Leia os nomes dos objetos a seguir. Depois encontre-os e circule-os na cena.

tampa   lâmpada   vara de bambu

tambor   álbum   carro de bombeiro

ambulância   pomba   bombom

- Agora escreva o nome de cada objeto que você circulou.

43

A letra S

No alto do galho o sabiá estufa o peito e assobia. Quebra o sossego da tarde com sua doce melodia.

1. Complete as colunas com as palavras do quadro abaixo, observando o som do S.

> segundo   interesse   fantasia   asilo   péssimo
> semana   curioso   sereia   tesouro   televisão
> passagem   assustado   música   segredo
> assim   assadeira   sítio   socorro

s como em **sapo**	s como em **massa**	s como em **rosa**

A rima

Vou rimar estas palavras: crepom, batom e bombom. Veja que todas terminam sempre com o mesmo som.

1. Complete os versos com as palavras abaixo, fazendo rima. Depois copie.

framboesa   amendoim   banana

limão   seriguela

O picolé de _____ dei pra Manuela.

O picolé de _____ dei pro Sebastião.

O picolé de _____ dei pra Mariana.

O picolé de _____ dei pra Teresa.

O picolé de _____ sobrou pra mim.

2. Copie os nomes destes alimentos.

vagem	arroz
chuchu	pimentão
espinafre	feijão
batata	berinjela
abóbora	alface
agrião	tomate

- Agora, complete o poema, escrevendo os nomes das figuras.

Cardápio rimado

Arroz com _____

_____ e agrião

tomate e _____

_____ e pimentão

abóbora, _____

um pouco de _____

e mais o _____

gostosa folhagem.

A letra R

Olha o nariz da bruxa, que tamanho ele tem!
É comprido, remelento com uma verruga também.

1. Complete as colunas com as palavras do quadro abaixo, observando o som da letra r.

> raposa   carrossel   pirata   relógio   gorila
> espirro   morro   rádio   tesouro   retrato
> verruga   barril   rocha   feira   cadeira
> correio   pera   regador

r como em raio	r como em carro	r como em arara

Bambalalar, é hora de praticar!

1. Leia a tirinha.

> — CEBOLINHA, VAI ATÉ O ARMAZÉM PRA MAMÃE?
> — CLALO! O QUE EU TENHO QUE COMPLAR?
> — BERINJELA, FARINHA, GRAMPOS, BETERRABA, ARROZ E REPOLHO!
> — POSSO LEVAR UM INTELPLETE?

- Leia a lista de compras e copie somente os nomes dos produtos que Cebolinha teria dificuldade de falar.

1 pacote de torrada	3 cenouras
2 beterrabas	1 pé de alface
1 repolho	1 maço de brócolis
1 sabonete	1 maço de rabanete
1 lata de ervilha	1 kg de arroz
1 caixa de grampos	1 pote de requeijão

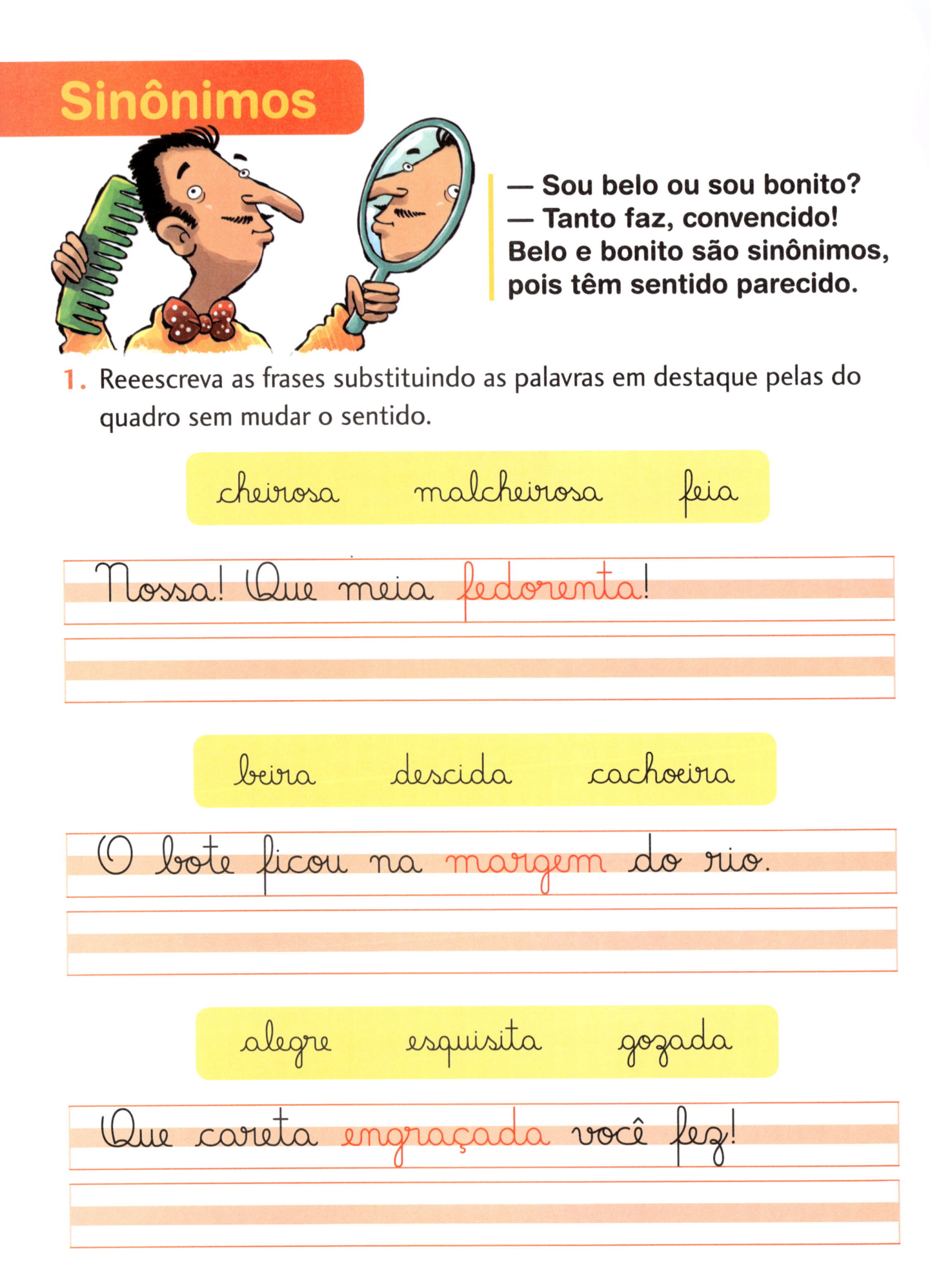

Sinônimos

— Sou belo ou sou bonito?
— Tanto faz, convencido!
Belo e bonito são sinônimos, pois têm sentido parecido.

1. Reeescreva as frases substituindo as palavras em destaque pelas do quadro sem mudar o sentido.

| cheirosa | malcheirosa | feia |

Nossa! Que meia **fedorenta**!

| beira | descida | cachoeira |

O bote ficou na **margem** do rio.

| alegre | esquisita | gozada |

Que careta **engraçada** você fez!

2. Complete as frases com as palavras do quadro.

> menino   lenta   bexiga   tranquilo

A tartaruga é *vagarosa*. Ela é _____.
O bebê está *calmo* e dorme _____.
Balão é o mesmo que _____.
No Sul se diz *guri* e no Norte, _____.

3. Reescreva o texto abaixo, substituindo as duas palavras destacadas por sinônimos do quadro.

> delicioso   saboroso

Que bolo *gostoso*! O recheio está *gostoso* e o chocolate granulado está mais *gostoso* ainda! Acho que vou repetir.

51

Antônimos

São chamados de antônimos palavras com sentido contrário. É o caso de alto e baixo, pobretão e milionário.

1. Leia as palavras do quadro. Depois forme duplas de palavras com sentido contrário.

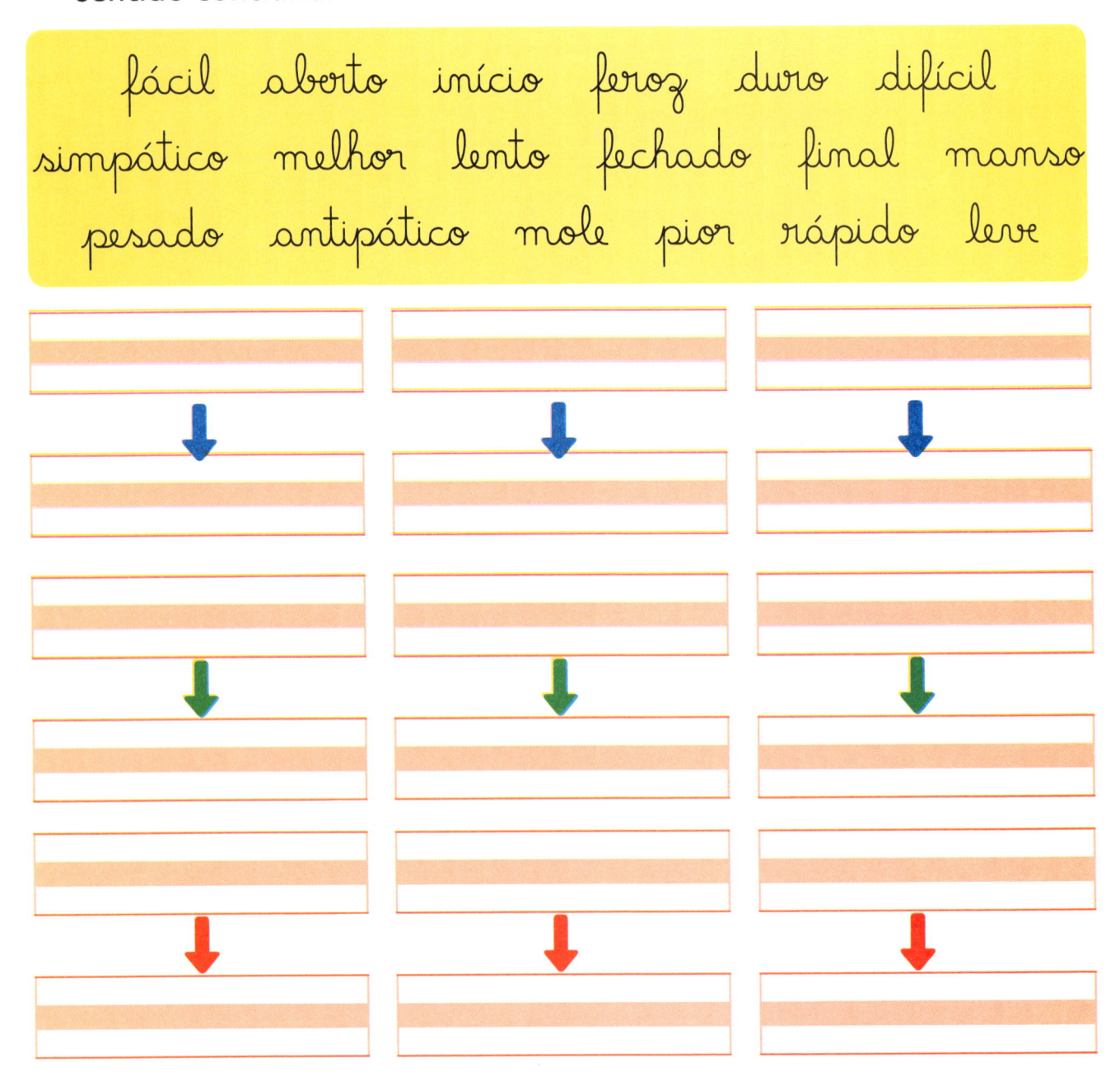

fácil   aberto   início   feroz   duro   difícil
simpático   melhor   lento   fechado   final   manso
pesado   antipático   mole   pior   rápido   leve

2. Leia.

Raquel é alta, de cabelos longos e lisos, e Daniela é baixa, de cabelos curtos e crespos. Enquanto Raquel é tranquila e faz tudo devagar, Daniela é bem agitada e faz tudo rápido.

Apesar de tão diferentes, as meninas são grandes amigas.

- Retire do texto palavras com sentidos contrários. Veja o exemplo.

| alta | ➡ | baixa |

Bambalalar, é hora de praticar!

1. Copie os versos substituindo os numerais por seus respectivos nomes. Se precisar, consulte o quadro abaixo.

> um dois três quatro cinco seis
> oito dez vinte trinta quarenta

[...]

2 e 1 são 3.

Vou ficar freguês. [...]

[...]

5 e 3 são 8.

Vou assar biscoito. [...]

[...]
4 e 6 são 10.
Xi, molhei os pés! [...]

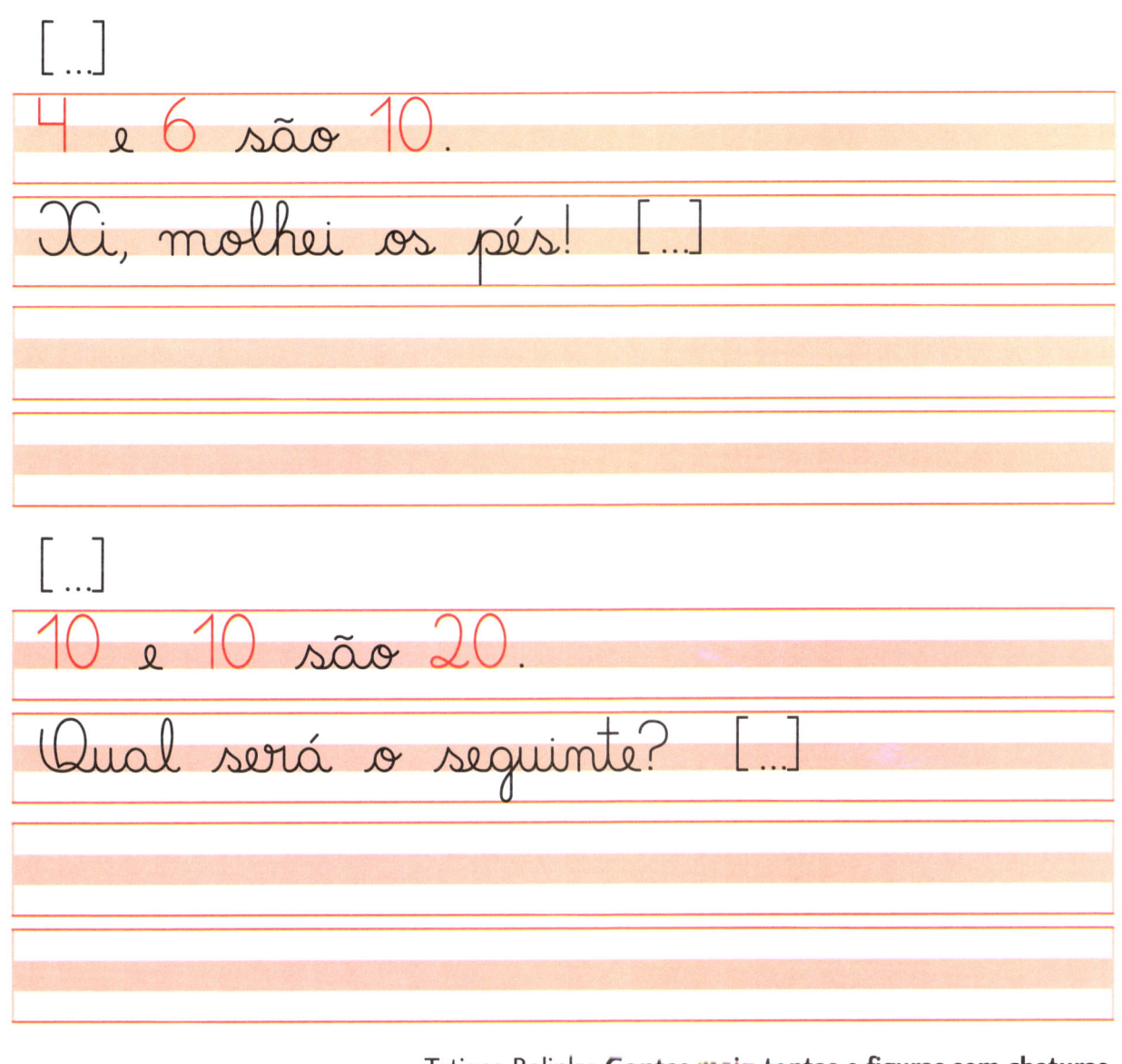

[...]
10 e 10 são 20.
Qual será o seguinte? [...]

Tatiana Belinky. **Contas meio tontas e figuras sem chaturas**. São Paulo: Elementar, 2004. p. 7, 9 11.

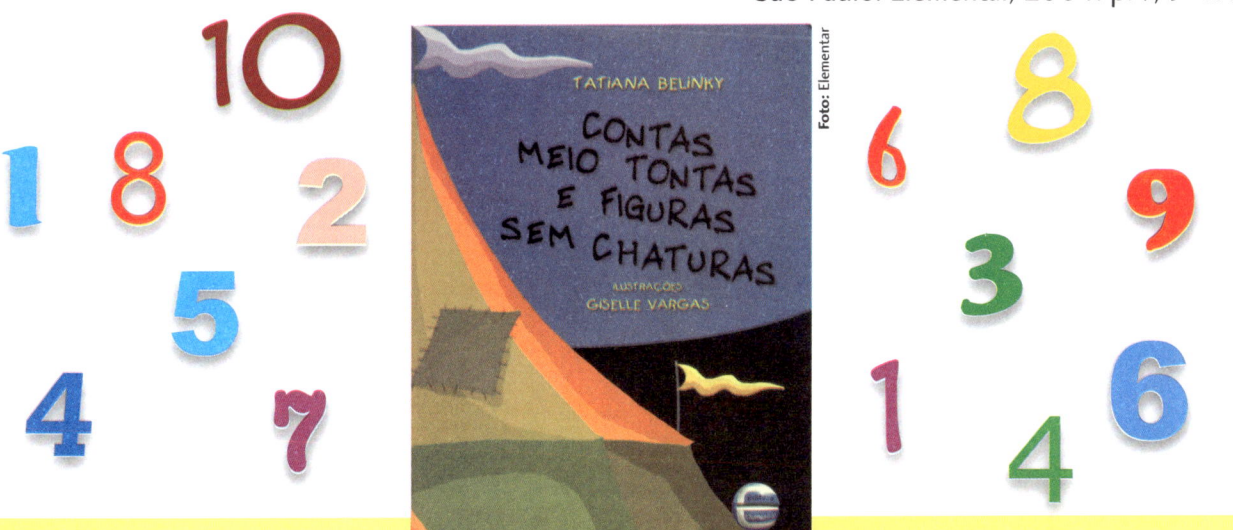

Acentos agudo e circunflexo

O gato lá de casa, o Cauê,
gosta de dormir perto do **sofá**.
Não liga pra ver tevê
nem pra correr de lá pra cá.

1. Copie do poema acima as palavras com:

∧ acento circunflexo   ╱ acento agudo

2. Complete os nomes das figuras com ∧ ou ╱. Depois copie.

onibus   cafe   tenis

sofa   lapis   bau

bebe   jilo   maio

56

3. Leia e sublinhe as palavras com acento agudo. Depois copie.

Chuva na floresta

A bicharada miúda se agita.
A centopeia, com muitas perninhas,
entra rápido numa frestinha.
O grilo não para de reclamar:
— Está difícil de aguentar!
A aranha suplica, implora:
— Chuva, vai logo embora!
Mas a perereca, toda assanhada,
acha ótima a chuvarada.

(As autoras)

A letra H

> Olha só que engraçado o que acontece com o **h**. No começo da palavra, não dá pra pronunciar.

1. Copie as palavras abaixo. Depois marque com X aquelas que você mais costuma falar.

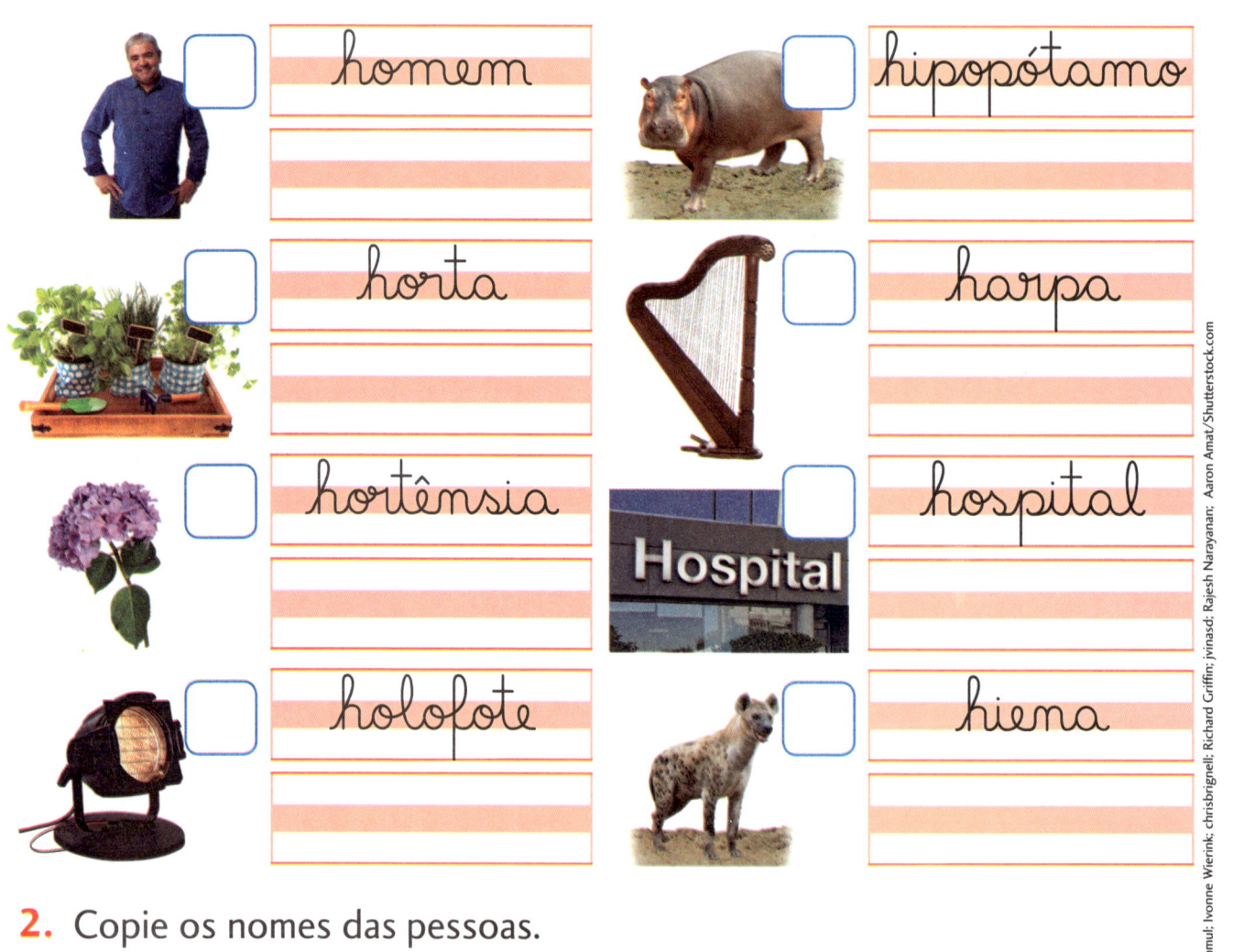

- homem
- hipopótamo
- horta
- harpa
- hortênsia
- hospital
- holofote
- hiena

2. Copie os nomes das pessoas.

- Helena
- Hugo
- Hélio

3. Pinte da mesma cor os ☐ que indicam palavras da mesma família. Depois copie. Observe o exemplo.

☐ homem	☐ honrado	☐ horrorizado
☐ herói	☐ higiênico	☐ humanidade
☐ higiene	☐ heroína	☐ humanitário
☐ honra	☐ honradez	☐ higienizado
☐ horror	☐ hábitat	☐ horripilante
☐ heroico	☐ habitável	☐ habitação

4. Leia o título do livro e sublinhe as palavras que são pronunciadas da mesma maneira.

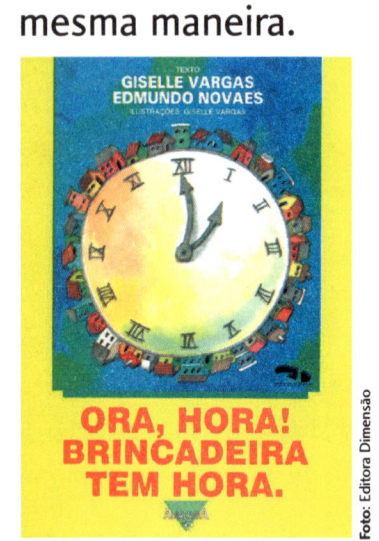

ORA, HORA! BRINCADEIRA TEM HORA.

No título, a palavra ora indica falta de paciência com a hora.

- Agora copie as frases substituindo cada ★ por uma das palavras abaixo.

hora   ora

Puxa, não consegui chegar na ★ certa.

Tenha paciência, ★ bolas!

Aba! Está na ★ do recreio!

Ora, ★, não se zangue!

Palavras com CH, LH e NH

Se o **h** entrar no meio,
veja só que confusão:
coro vira choro
e cão vira chão.

1. Descubra as 15 palavras abaixo e separe-as com uma barra /.
   Depois copie cada uma na coluna correspondente.

banheira/bicho/olho/chuva/unha/galho

linha/telha/cacho/chupeta/sonho

bolha/aranha/chá/ilha

nh	ch	lh
banheira	bicho	olho
unha	chuva	galho
linha	cacho	telha
sonho	chupeta	bolha
aranha	chá	ilha

2. Leia os nomes das figuras. Depois escreva as letras que vêm imediatamente antes do H.

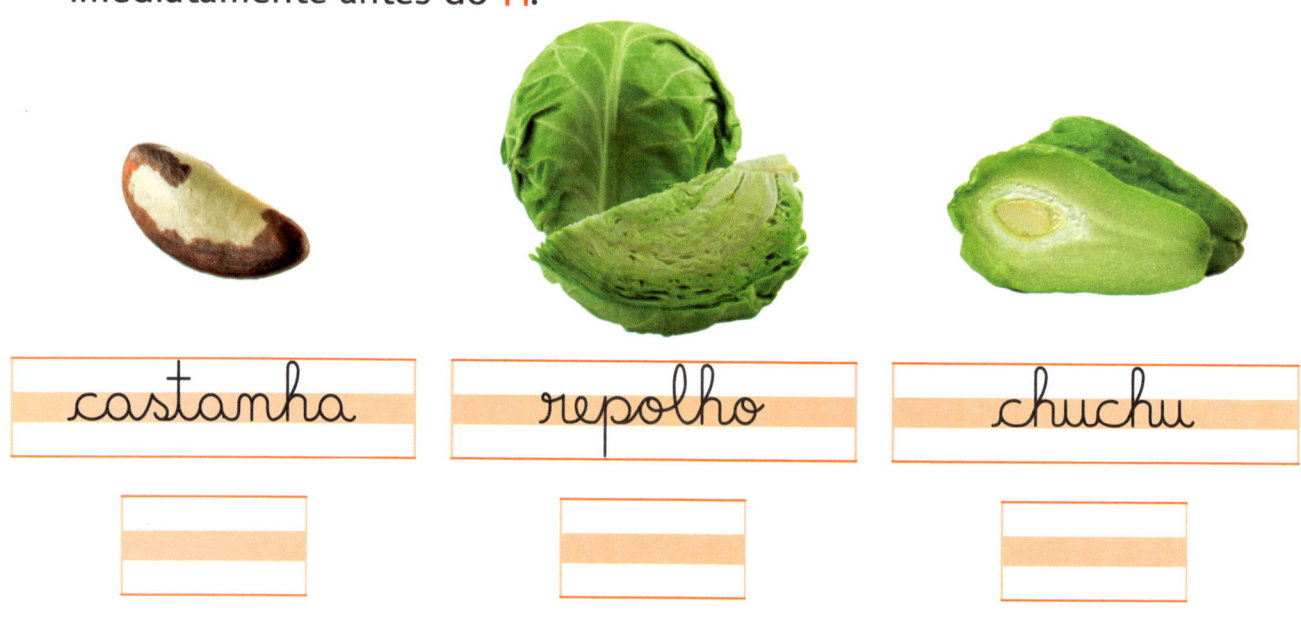

| castanha | repolho | chuchu |

- Agora acrescente a letra H imediatamente após as consoantes C, L e N e escreva novas palavras.

| cão | bola | sono |

| vela | galo | bico |

| mola | capa | mina |

Bambalalar, é hora de praticar!

1. Leia e copie.

Achei um par de meias

cheirando chulé.

Onde é que está

o dono deste pé?

Nye Ribeiro. **Achados e perdidos.** Valinhos, SP: Roda & Cia., 2010.

- Agora encontre e circule na figura a meia que não tem par.

Palavras com X

Sua escrita é sempre a mesma, mas muitos sons pode ter: caixa, durex, máximo, êxito. Tudo com x. Dá pra crer?

1. Pinte os quadrinhos conforme os sons do **X**. Depois copie as palavras nas colunas indicadas.

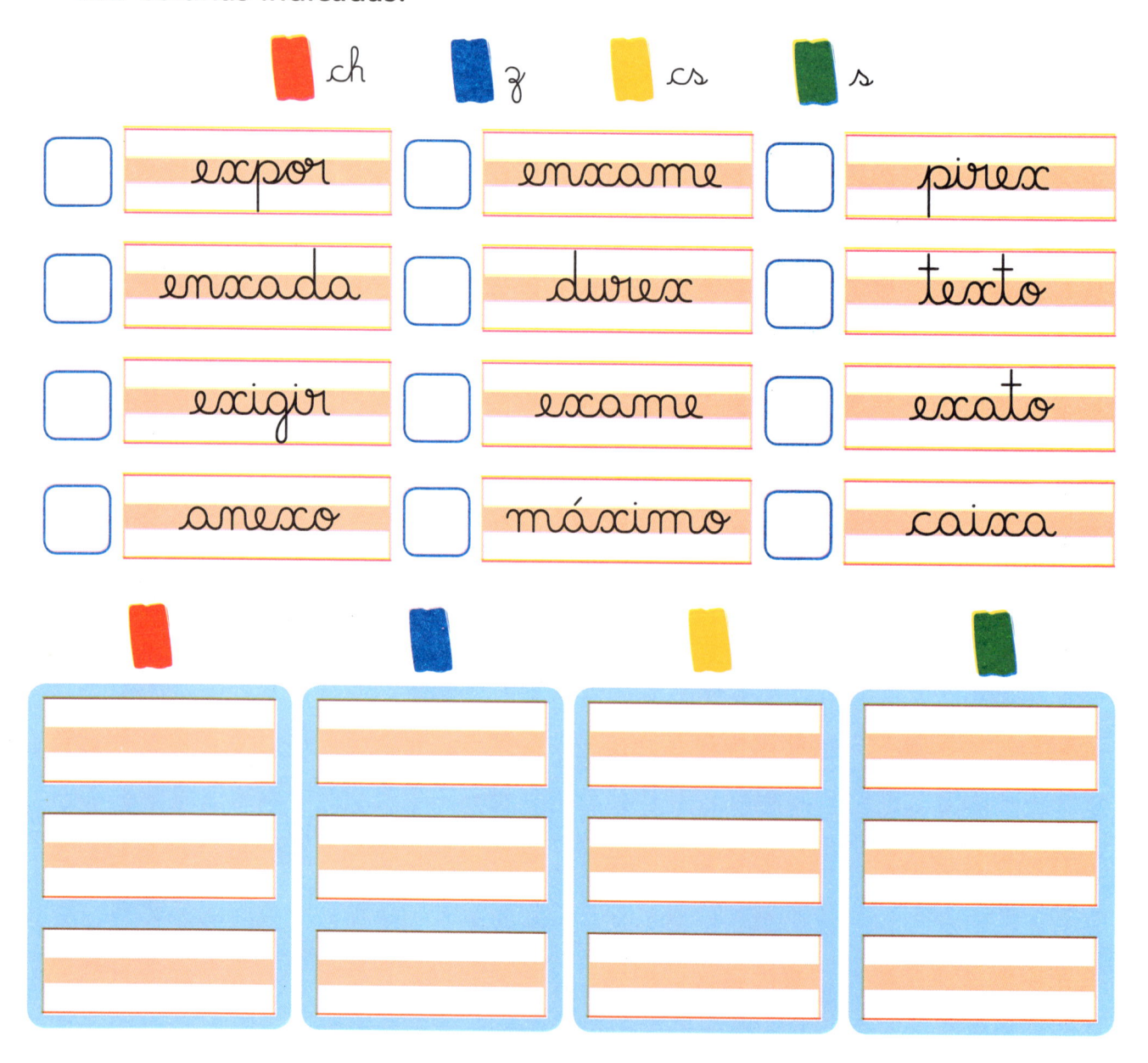

- 🟥 ch
- 🟦 z
- 🟨 cs
- 🟩 s

expor	enxame	pirex
enxada	durex	texto
exigir	exame	exato
anexo	máximo	caixa